Dirk-Michael Conradt

Autos die Geschichte machten

PORSCHE

911 turbo

Dirk-Michael Conradt

Autos die Geschichte machten

PORSCHE

911 turbo

MOTORBUCH VERLAG STUTTGART

Einbandgestaltung: Reinhard Bornemann
Bildquellen: Archiv Porsche/Zuffenhausen, H. D. Seufert,
H. P. Seufert, D.-Th. Heere, Eberhard Strähle, D.-M. Conradt.
Titel-Foto: 911 turbo Cabriolet von 1988

An dieser Stelle sei den Herren Wolfgang Berger, Klaus Parr,
Paul Schinhofen, Rolf Sprenger, Elmar Willrett
und Volker Wüst aus dem Hause Porsche für ihre wertvollen Tips und
Auskünfte gedankt.
Ohne ihre Hilfe wäre dieses Buch nicht entstanden.

ISBN 3-613-01378-9

1. Auflage 1991.

Druck: Stuttgarter Druckerei, 7000 Stuttgart 80.
Bindung: E. Riethmüller, 7000 Stuttgart 1.
Printed in Germany.

Inhalt

Einleitung

Von Kaffeetischen und Fakten

Warnung: Sie haben soeben kein sogenanntes Coffee-table-book aufgeschlagen. Es erwarten Sie deshalb nur einige wenige bunte Bilder im Mittelteil des Buches – der Rest ist Information, sind Fakten, vor allem Fakten. Das gilt für Worte, und es gilt genauso für Bilder. Und das bedeutet für Sie, daß Ihnen die Lektüre vielleicht nicht immer runterrutschen wird, wie Butter – nichts für eine flüchtige Unterhaltungs-Lektüre vor dem Kamin also, kein modisches Konsumprodukt mit Ach- und Oh-Effekten.

Die Autoren der Motorbuch-Reihe »Autos die Geschichte machten« wollen vielmehr einen Fakten-Extrakt bieten, sie wollen Tiefgang-Interessierten kundige Nachschlagewerke liefern, auch kleinste Details festhalten, die sonst womöglich verloren gingen. Die Recherchen bestätigen die Notwendigkeit solchen Tuns (zumindest historisch Ambitionierten) immer wieder aufs Neue: Selbst bei den in Sachen Archivierung vorbildlichen Herstellern werden kleine Details viel zu schnell verschüttet, geraten selbst bei ihren Machern in Vergessenheit. Es gab und gibt mittlerweile so viel Wichtigeres zu tun – Wichtigeres jedenfalls, als zu notieren, warum sich zu einem bestimmten Zeitpunkt eine Antennen-Einbaulage änderte, oder warum die Wasserabflußleitung einer Schiebedach-Konstruktion modifiziert wurde.

Solche Details mögen jene nicht interessieren, die gerne in stereotypen Beschreibungen von Beschleunigungs-Orgien schwelgen. (Auch die gibt's natürlich irgendwo in diesen(m) Büchlein – sie gehören schließlich zum turbo, zur turbo-Legende.) Doch selbst ein Porsche turbo besteht nicht nur aus »Zisch – und ab...!«, sondern zunächst einmal aus Bauteilen, die der eingehenden Beschreibung harren, aus jährlichen Modifikationen, auf die einzugehen ist, weil sie Enthusiasten mit Tiefgang-Anspruch, irgendwann sicher auch einmal turbo-Restaurierer interessieren.

Modifikationen? In dieser Hinsicht tappen offensichtlich selbst Porsche-Kenner im Dunkeln. »Ein Buch über den Porsche turbo?« kommentierte ein Porschianer meinen Plan, über den stärksten Straßen-Porsche aller Zeiten ein Büchlein verfassen zu wollen, » was willst Du denn da schreiben – an dem wurde doch kaum einmal etwas geändert...!« Tatsächlich entmutigte die Lektüre der jährlichen Presse-Mitteilungen zu turbo-Modellwechseln zunächst einmal: Vom Einbau eines neuen Radio-Typs war da in einem Jahr die Rede, von der Aufnahme zusätzlicher Lackfarben in die Ausstattungsliste in einem anderen.

Daß die Porsche-Techniker in Wirklichkeit an Ihrem Spitzen-Produkt Jahr für Jahr arbeiteten, ganz Porsche-typisch Jahr für Jahr vor allem unter dem Blech nach Perfektion strebten – diese Erkenntnis ergab sich erst beim Tieferwühlen. Und daß der turbo eine bemerkenswerte Entstehungs-Geschichte hat, dieser Umstand ergab sich im langen Gespräch mit seinem »Erfinder«, Wolfgang Berger, heute Qualitätssicherer in Zuffenhausen. Eine Flasche Whiskey spielte dabei eine Rolle, eine von Porsche-Sportmann Jürgen Barth eines Nachmittags um drei Uhr überbrachte Überraschungs-Nachricht, und ganz am Anfang in Hockenheim die entnervte Frage eines Professors an seinen jungen Untergebenen: »Warum fahrn's denn die andern den Porsche davon...?«

Bergers Antwort setzte im Hause Porsche den turbo-Stachel – bei mir selbst setzte ihn eine unvergeßliche turbo-Fahrt anno 1976 von Stuttgart nach Köln und zurück. Es war ein früher Porsche-Testwagen, die linksrheinische Autobahn war fast unbelebt. Und ich sah erstmals in meinem Leben die Tachonadel eines von mir gesteuerten Automobils die Zahl 250 überschreiten. Es war ziemlich heiß an jenem Tag, das Seitenfenster stand deshalb einen Spalt offen. So hörte ich, von der Mittelleitplanke reflektiert, das faszinierende, vom Turbo-Säuseln überlagerte, Boxer-Kreischen in Turbo-gedämpfter Reinkultur. Und wenn ich vom Gas gehen mußte, ertönte von hinten ein wie erlöst klingendes Zischeln – es war Fahren wie mit einem Auto von morgen, irgendwie unwirklich in der gebotenen Geräuschkulisse, fast widernatürlich in der Art und Weise, wie ein leichter Druck aufs rechte Pedal die Fuhre nach kurzem Zögern plötzlich vorwärtsschnellen ließ, bei Tacho 180 scheinbar kaum minder als bei Tempo 100.

Kurzum: Es war ein Erlebnis, wie einem Coffeetable-Book entnommen. Doch lassen wir nun das Adrenalin abklingen – widmen wir uns seriösen turbo-Dingen. Und die gerieten letztlich so umfangreich, daß die extremen Motorsport-Varianten mit Ausnahme des turbo-Auslösers 934 nur am Rande gestreift werden konnten. Für deren faszinierende Geschichte(n) ist deshalb bereits ein separates Bändlein reserviert – blättern Sie bitte zunächst einmal um, steigen Sie ein ins erste Kapitel der 911 Strabo-Geschichte. Strabo? Auch dieser Begriff findet auf den Folgeseiten seine Deutung.

Die Vorgeschichte des Turbo-Systems

Von der Hochsee-Schiffahrt ins Porsche-Flaggschiff

Wenn heute Turbolader in erster Linie mit ausgesprochen sportlichen Automobilen in Verbindung gebracht werden, so verschleiert dieses Image die Herkunft der leistungsfördernden Turbine. Seinen ersten effizienten Einsatz erlebte das dem Schweizer Alfred Büchi bereits anno 1905 unter der Nummer DRP 20 46 30 patentierte Turboverfahren nämlich bereits 1923 an großen Schiffs-Dieselmotoren (Zehnzylinder-Viertakter, deren Leistung dank des Turboladers von 1750 auf 2500 PS gesteigert werden konnte). Sechs Jahre zuvor schon wurden in Frankreich Turbo-Versuche an Otto-Flugmotoren – übrigens bereits mit Ladeluftkühlung – angestellt. Doch erst Mitte der 30er Jahre fand das Prinzip der Aufladung von der See auf die Schiene: Fortan bezogen einige D-Zug-Diesellokomotiven der Deutschen Reichsbahn zusätzliche Leistung aus ihren eigenen Abgasen.

Den Schweizern wiederum gebührt das Verdienst, erstmals Turbomotoren für den Straßengebrauch kultiviert zu haben: Saurer präsentierte 1938 den ersten Serien-LKW mit Turbodiesel. Und auch BMW experimentierte bereits während des Zweiten Weltkrieges mit aufgeladenen Flugzeug-Triebwerken, denen die Kraft aus Abgasen zu über 2000 PS verhalf. Seinen Nutzfahrzeug-Durchbruch erlebte das Turboverfahren ab 1952 in den USA unter Caterpillar-Flagge. Ehe der Turbo jedoch in Personenwagen seine Premiere feierte, sollte nochmals ein Jahrzehnt vergehen. Erst 1962 gab der erste serienmäßige Turbo-PKW sein Debut, und der hatte mit dem späteren Turbo-Wegbereiter aus Stuttgart-Zuffenhausen wenigsten die Motor- und Zylinder-Anordnungen, sowie die Luftkühlung gemein: Der Chevrolet Corvair Turbo trug seinen aufgeladenen Sechszylinder-Boxer im Heck. Parallel zum Corvair stellte der damals offensichtlich ausgesprochen progressive General Motors-Konzern übrigens ein zweites, heute weniger bekanntes Turbo-Modell vor: den Oldsmobile F 85 Jetfire mit V8-Turbo.

Beide Projekte scheiterten freilich trotz der angewandten Wassereinspritzung zur Zylinderinnenkühlung an der ausgeprägten Störanfälligkeit des Turbosystem, die GM zwei Jahre später zu Konsequenzen zwang: Produktionseinstellung. Dieses Schicksal hinderte den Deutschen Michael May Ende der 60er/Anfang der 70er Jahre nicht daran, das theoretisch so vielversprechende Turbo-System erneut zu nutzen: Seine Firma Turbo-May GmbH & Co KG in Hechingen bot Lader-Kits insbesondere für den Ford-V6, die den serienmäßig 108 PS starken 2,3-Liter bis zu 180 PS erstarken ließen. Schon 1970 implantierte der Turbo-Vorkämpfer

Der erste serienmäßige Straßen-turbo aus Deutschland wurde zum Flop: BMW stellte die 2002 turbo-Produktion nach nur rund einem Jahr Bauzeit schon 1975 wieder ein. Der 170 PS-Vierzylinder (Ladedruck 0,55 bar) reagierte sehr zäh aufs Gas und verbrauchte relativ viel Treibstoff.

seinen Lade-Kit auch dem BMW 2002, was diesem zu stattlichen 170 PS verhalf.
Ohnehin spielte BMW in der Turbo-Entwicklungsgeschichte der Nachkriegszeit maßgebliche Rollen, bereits 1969 durch den Turbo-Einsatz im Renntourenwagen (damit Gewinn der Tourenwagen-Europameisterschaft 1969), dann wieder 1982 in der Formel 1. Der vom Team Brabham eingesetzte BMW-Turbovierzylinder war der erste F 1-Weltmeisterschaftsmotor (1983) mit Turboaufladung.
Weniger erfolgreich gestaltete sich für BMW ein Turbo-Kapitel im Serien-Automobil. Den auf der IAA 1973 vorgestellten und 1974 in Produktion gehenden 2002 turbo ereilte – wie seine amerikanischen Glaubensgenossen – das Schicksal mangelnder Standfestigkeit und darüberhinaus des falschen Erscheinungstermins. Als er im BMW-Schaufenster stand, war die Volksmeinung noch von der ersten sogenannten Energiekrise mit ihren Tempolimits und Fahrverboten geprägt. In diese Zeit paßte eine Sportlimousine schlecht, die bei ihrer Präsentation mit spiegelschriftlichem Frontspoiler-Turbohinweis unverhohlene Schnellfahr- und Überholabsichten signalisierte. (Die Turbo-Spiegelschrift ging denn auch nicht in Serie.)
Doch nicht nur gesellschaftliche und wirtschaftliche Gründe bedeuteten schon 1975 das Turbo-Aus für BMW. Beim 2002 traten auch damalige Turbo-Nachteile ungeschminkt hervor, die »auto motor und sport« im Test (Ausgabe 19/1974) zunächst so erläuterte: *...Gerade für die Aufgabe, über einen sehr breiten Drehzahlbereich in dem gewünschten Maß leistungsfördernden Ladedruck zu liefern, ist die Abgasturbine von Haus aus ungeeignet, weshalb sich die Regelungsprobleme mit der Verwendung kleinerer oder größerer Verdichter allein nicht befriedigend lösen lassen. Andererseits darf der Ladedruck nicht über Gebühr ansteigen, um die Kopfdichtung nicht zu gefährden... Außerdem gilt es, ein systembedingtes Handicap, nämlich die verzögerte Reaktion auf Gaspedalbewegungen nach dem Schiebebetrieb, abzustellen, das einfach daher rührt, daß der Lader nach dieser Phase erst wieder auf Drehzahl gebracht werden muß.*
Im Falle BMW 2002 turbo bedeuteten diese prinzipiellen Sachzwänge laut »auto motor und sport«: *...Im Fahrbetrieb wirkt der BMW zumindest im unteren Drehzahlbereich keineswegs so sportlich, wie sein Äußeres vermuten läßt. Hier reagiert er sehr zäh aufs Gas und beschleunigt nicht besser als der mit halber Turbo-Leistung operierende BMW 1602. Die Elastizitätsmessungen bestätigen das; unten herum ist nicht viel los.* Und: *...wirkt er auf kurvenreichen Straßen gelegentlich etwas hilflos, wenn man beispielsweise vor einer Kurve den passenden Gang nicht eingelegt hat und der Tritt aufs Gas so gut wie nichts auslöst.*
So blieb es Porsche vorbehalten, das Turbo-Prinzip im Sportwagen zu kultivieren – sowohl, was seine Standfestigkeit anlangt, als auch in Sachen Harmonie der Leistungsentfaltung. Entsprechende Erfahrungen machten die Weissacher dort, wo Porsche traditionell Reifeprüfungen ablegt: im Motorsport.

Prüffeld Rennsport: Porsche + Turbo = Dominanz

Porsche setzte nicht als erste Firma Turbolader im Rennsport ein – aber mit Sicherheit am erfolgreichsten. So rasten bereits seit 1966 Indy-Piloten mit Offenhauser-Turbokraft auf den für diese Rennserie typischen Oval-Kursen immer an der Wand lang – mit Fortune. Und BMW setzte – wie angedeutet – bereits 1969 bei der Tourenwagen-EM auf Kraft aus Abgasen.
Porsche gab erstmals 1972 offiziell Turbo-Laut, als für die amerikanische CanAm-Rennserie mit aufgeladenen 917ern gegen die in den USA dominierenden CanAm-McLaren zum Angriff geblasen wurde. Der bereits in der Marken-Weltmeisterschaft bewährte 917-Zwölfzylinder wurde zu diesem Zweck bereits 1971 mit zwei Turboladern aufgerüstet, Leistungssteigerung um über 100 Prozent von knapp 600 auf rund 1200 PS. Porsche dominierte mit diesen Super-Rennern aus dem Stand die amerikanische Meisterschaft – und die Amis reagierten unsportlich: Sie änderten nach zwei Porsche-Meisterschaften flugs das Reglement, Porsche zog sich zurück.

Mit diesen Boliden kamen die Porsche-Techniker auf den turbo-Geschmack: Die Zwölfzylinder-Porsche917/10 und 917/30 dominierten die CANAM-Serie nach Belieben – nach zwei Meisterschaften warfen sie die Amis durch Reglementänderungen aus dem Rennen (im Foto George Follmer auf 917/10 Spyder vor Mark Donohue auf 917/30, Road Atlanta 1973).

Doch der Rückzug betraf lediglich die Canadisch-Amerikanische Rennserie und die 917-Sauriere – Motorsport-Geschichte schrieb Porsche in den 70er Jahren wieder wie in der Gründerzeit mit Rennwagen, die direkte Abkömmlinge von Serien-Porsches waren – der Turbolader sorgte dabei für den zweiten Wind.

Die Vorgeschichte des 911 turbo

»Warum fahrn's die da vorneweg…?«

Sportwagen-Enthusiasten verdanken ihn der Vernunft, sie verdanken den Porsche turbo schärferen gesetzlichen Abgas- und Geräuschbestimmungen, die Anfang/Mitte der 70er Jahre leistungsorientierte Motorenkonstrukteure zum Umdenken zwangen. Der Porsche turbo, Entwicklungscode 930, ist die in Weissach nahe Stuttgart ersonnene Möglichkeit, ökologische Grundsätze ins traditionelle Porsche-Manifest des Fahrens »in seiner schönsten Form« zu integrieren.

Diesen Eindruck jedenfalls gewinnt, wer sich heute in offizielle Statements des Hauses Porsche zur turbo-Modelleinführung Ende 1974 auf dem Pariser Salon und 1975 bei Markteinführung des Porsche turbo vertieft.

Doch die tatsächlichen Motive für den Super-Porsche der nächsten Jahrzehnte waren viel weniger rationaler Natur, weit mehr emotional. Und daß der Porsche turbo überhaupt zum regulären Serien-Porsche gedieh, ist mehr Zufall, denn kühnes Kalkül. Ein engagierter Projektleiter im Hause Porsche spielte dabei eine tragende Rolle, Sportreglements-Dichter in Paris trugen ihr Scherflein bei, und nicht zuletzt der Mut aller Beteiligten, gegen den Strom zu schwimmen, den vermeintlichen Zeitgeist unbeachtet zu lassen, Enthusiasmus statt Opportunismus zu dokumentieren. Doch der Reihe nach.

»Ich erinnere mich noch ganz genau«, gab Anfang 1991 Dipl.-Ing. Wolfgang Berger, 17 Jahre zuvor turbo-Geburtshelfer als Projektleiter und heute Hauptabteilungsleiter im Porsche-Qualitätswesen, zu Protokoll, »wir standen in Hokkenheim auf der Dunlop-Terrasse, Professor Fuhrmann und ich. Das muß 1972 gewesen sein. Wir beobachteten ein Rennen – und da fuhr ein Ford Capri weit voraus, gefolgt von einem BMW. Und dann erst kam ein Porsche, ein Kremer-Porsche war's – bereits einmal überrundet.«

Diese Schmach, Porsche hinter schnöden Großserienprodukten einherhinken zu sehen, schien den Porsche-Chef zu verbittern. Berger erinnert sich, daß ihn Fuhrmann fragte: »Warum fahrn's die da vorneweg?« Der Motorsport-engagierte Jungingenieur erläuterte seinem Boß daraufhin die Gesetzmäßigkeiten cleverer Fahrzeug-Homologation. Er verwies darauf, daß Ford unter Sportchef Mike Kranefuß eben Spezialfahrzeuge auf Serienbasis für eine Kleinststückzahl konzipiert habe, um sowohl den Motorsport-Gesetzen Genüge zu tun (die bestimmte Mindeststückzahlen für Sportmobile forderten), als auch hochkarätiger Konkurrenz mehr als Paroli bieten zu können. Das leuchtete dem Porsche-Vordenker ein – Berger: »Er fragte mich – 'was müssen wir tun?'«

Die Frage führte noch 1972 zur Porsche-Entscheidung,

turbo-Geburtshelfer Wolfgang Berger: »... und dann kam erst ein Porsche – bereits einmal überrundet.«

wieder in den Breitensport einzusteigen. Und sie führte – nach der Erkenntnis, für den Rundstrecken-Motorsport nicht das richtige Auto homologiert zu haben – zum ersten Homologations-Elfer der 70er Jahre. Berger: »Wir entwickelten in extrem kurzer Zeit, ohne die üblichen Entwicklungs-Strukturen, den Carrera RS 2.7 mit einem Homologationsgewicht von 900 Kilogramm – das war eine Mischung von Zuruf, Begeisterung und Organisation.«

500 Exemplare forderte damals das Reglement für die sogenannte Gruppe 4 (Spezial-GT). Und die wurden in kurzer Zeit im Homologationsjahr 1972*, gebaut. Berger: »Wir sind mit jedem dieser Autos auf die Stadtwaage nach Zuffenhausen gefahren, um das Sollgewicht zu dokumentieren. Da waren Autos dabei, die wogen nur 885 Kilo, einige bis zu 905 Kilo.«

Das waren freilich Extrem-Rennsportwagen, für den Straßengebrauch zwar tauglich (und zulassungsfähig), aber nach Meinung der Porsche-Oberen in der angestrebten (und notwendigen) Stückzahl unverkäuflich. Also entstanden zwei Stufen Komfort-Pakete, eines mit 80 Kilogramm Gewicht, ein zweites mit rund 200 Kilogramm. Berger heute: »Für die spätere turbo-Entwicklung war das die Basis, insbesondere die Evolutions-Version des 2,7 Liter-RS, der Dreiliter-RS.«

Grund der Evolutions-Serie nach Ford-Vorbild (Berger: »Das hat uns der Mike Kranefuß ja vorexerziert«) war nicht zuletzt die Forderung nach der Verwendung breiterer Reifen. Berger: »Bei der Kotflügelbreite des Basis-Carrera RS war kaum ein g'scheiter Reifen unterzubringen.« Die schließlich aufgelegte 50 Stück-Serie Carrera RS 3.0 hatte deshalb stattliche Kotflügelverbreiterungen vorn und hinten, so breit, daß bei Berücksichtigung der zusätzlichen, vom Sportgesetz erlaubten Verbreiterungen von 50 mm das maximal erlaubte 14 Zoll-Rad unterzubringen war.

Der Carrera RS 3.0, heute bereits legendär, erwies sich als richtige Entscheidung. Seine Rennversion RSR kam, sah und siegte – wenn auch nur in einer Saison. Zwar konnte man mit diesem Superauto (prinzipiell wenig verändert) bis in die 90er Jahre Rennen erfolgreich bestreiten (noch 1990 gewann Edgar Döhren mit einem solchen RSR beim Veedol-Langstreckenpokal drei Rennen). Doch jene GT-Meisterschaft, für die der 3.0 RS eigentlich konzipiert worden war, erwies sich nur ein Jahr lang als spektakulär und erfolgreich – Fahrer wie Claude Haldi, John Fitzpatrick und andere geigten in dieser Porsche-Sportepoche glanzvoll auf.

Diskussionen und Gerüchte um ein neues Sportgesetz (neuer Anhang J) verunsicherten bereits 1973 die Szene –

* 1973 wurde eine zweite 500er-Serie aufgelegt, womit der RS 2.7 in der Gruppe 3 (Serien-GT) homologiert werden konnte. Weitere 580 Exemplare folgten zur Nachfrage-Befriedigung, aber auch zum Aufbrauch spezieller RS-Teile. Insgesamt entstanden 1331 Carrera RS 2.7 mit (relativ) ziviler Touring-Ausstattung, 200 Sport-Exemplare (Leichtbau-Straßenversion) und 49 Gruppe 4-RSR.

Dieser legendäre Sportwagen aus Zuffenhausen stand ganz am Anfang einer Entwicklung, die letztlich zum Porsche 911 turbo führen sollte: der 911 Carrera RS 2.7 von 1972/73. Unter Kennern gilt diese knapp über 1500mal gebaute Elfer-Leichtbauvariante heute als ein von Sammlern hochdotiertes 911-Highlight.

Carrera
S-AP 492

auch Porsche mußte sich neue Gedanken um die zu erwartenden neuen Gruppen 4 und 5 machen. Berger: »Wir erkannten, daß wir da mit unserer aktuellen Saugmotor-Basis vermutlich keine Chancen haben würden.« Tatsächlich schien den Porsche-Technikern der konventionelle Weg der Leistungs-Steigerung durch Hubraum-Wachstum verwehrt. Sie hatten schließlich den ursprünglich nur zwei Liter großen Sechszylinder-Boxer bereits in mehreren Schritten (2,2 Liter, 2,4 Liter, 2,7 Liter) auf letztlich drei Liter Hubraum im Carrera RS 3.0 erweitert – viel Spielraum gab's da ohne grundlegende Umkonstruktion nicht mehr.

Und eine völlige Neukonstruktion für deutlich mehr Hubraum-Reserven hätte automatisch deutlich mehr Motorgewicht bedeutet – dies zeigte das zu jener Zeit bereits angedachte Projekt 928, das letztlich zu einem viel größeren, viel ausladenderen, viel schwereren Sportwagen führen sollte. Doch schließlich hatte Porsche ja bereits in der CanAm-Serie ausgiebig Erfahrungen mit aufgeladenen Rennmotoren gesammelt. Der CanAm-917 hatte einen Weg gezeigt, wie man aus einem gegebenen Motor bis zu 100 Prozent Mehrleistung herausholen konnte, ohne dessen Dimensionen und Gewicht drastisch aufstocken zu müssen (siehe »Die Vorgeschichte des Turbo-Systems«, ab Seite 9) – warum also nicht ernsthaft einen Elfer mit Abgas-Turbolader entwickeln, ein Projekt neu aufgreifen, das bereits einmal in den 60er Jahren angedacht, wegen zu erwartender Probleme indessen schnell ad acta gelegt worden war? Als Ende 1973 erste Konturen des neuen Sportgesetzes deutlich wurden, entschied Porsche zwar, schwerpunktmäßig in der neuen Gruppe 5 aktiv zu werden (was schließlich zum Typ 935 führte). Doch zugleich wurde in Weissach auch erkannt, daß man wieder einen Basistyp für die Homologation in der Gruppe 4 benötigen würde. Das bedeutete, daß innerhalb von zwölf Monaten mindestens 400 Exemplare eines Homologations-Modells zu bauen waren, wollte man entsprechend des ab der Saison 1976 gültigen Sportgesetzes erfolgreich in den neuen Gruppen 4 (und 5) Motorsport betreiben. Diese Entscheidung fiel bei Porsche im November 1973 – ein Monat, der aus heutiger Sicht als Geburtsmonat des künftigen Porsche 930, somit des turbo*, gelten darf.

* Nach offizieller Porsche-Schreibweise wird die Typ-Bezeichnung »turbo« klein geschrieben – die Version wurde für dieses Büchlein übernommen, wenn vom Porsche-Typ die Rede ist.

Das turbo-Konzept entsteht – es sollte anders kommen

In jenem November der ersten Idee zum Turbo-Porsche auf 911-Basis erinnerten sich die verantwortlichen Porsche-Techniker bewährter Erfolgs-Rezepte – Wolfgang Berger: »Wir sagten uns, wir müssen wiederholen, was wir bereits einmal erfolgreich gemacht haben: nämlich einen möglichst leichten Basis-Typ homologieren, und, damit man ihn verkaufen kann, entsprechend mit Komfort-Paketen aufrüsten.«

Auch was die Entwicklungs-Struktur anbelangt, schienen keine wesentlichen Änderungen vonnöten – schließlich hatte sich das meisterhafte Hauruck-Verfahren einiger engagierter Enthusiasten der Porsche-Truppe bei der Carrera RS-Entwicklung bestens bewährt. Das galt gleichermaßen für den Entwicklungs-Etat – Berger Anfang 1991 scherzhaft: »Ich möchte zwar keine Zahlen nennen – aber mit einem vergleichbaren Etat entwickeln Sie heute einen Fensterheber…«

Möglichst kostengünstig sollte die neue Gruppe 4-Entwicklung sein, möglichst geringe Manpower binden – und möglichst zügig vorangehen. Kein Wunder, daß bei diesem Projekt auch die Stilistik-Abteilung nicht zu Rate gezogen werden konnte. So orientierte sich Projektleiter Berger bei seinen Karosserie-Modifikationen für den neuen Porsche-Gruppe 4 nicht an ästhetischen Gesichtspunkten, sondern einzig an funktionellen – Berger: »Es galt, das vermutlich vom Reglement erlaubte 14 Zoll-Rad unterzubringen – wir brauchten eine Gesamtbreite von 1775 Millimetern.« (Zum Vergleich: Der damalige 911 maß in der Breite 1610 mm, der Carrera 1652 mm.)

Berger weiter: »Wir gingen vor, wie wir bei Rennautos immer vorgehen, das heißt: Man baut das Auto auf die richtige Fahrzeughöhe auf, eingefedert, mit zwei Personen besetzt, stellt das Rad mit montiertem Rennreifen in den Radkasten, schneidet den Kotflügel aus, und überbrückt die Distanz durch ein vernünftig geformtes Distanzstück.« Berger hatte es im Falle des im ersten Lastenheft vom 20. Dezember 1973 bereits Typ 930 genannten Homologations-modells relativ einfach – schließlich gab's in Gestalt des Carrera RS 3.0 bereits ein Vorbild.

Berger: »Ich habe natürlich den RS-Kotflügel des Dreiliter-

Noch wie der Saug-911 Carrera mit Schmalkarosserie, doch im Heck lauert schon der turbo-Stachel: 911 turbo No. 1, der erste Versuchsträger für das neue Projekt (das Foto stammt von Mitte 1974).

Evolutionsmodells genommen, ihn mit Plastilin etwas korrigiert – das geschah innerhalb von zwei Wochen, immer abends in der Kunststoff-Werkstatt. Schließlich stand das Auto für meine Begriffe wunderschön da.« So ganz sicher muß sich Berger seiner Sache freilich nicht gewesen sein, auf Designprofi-Rat wollte er nicht verzichten. Also nutzte er den kleinen Dienstweg:»Ich hatte guten Kontakt zu einem Chefstylisten unseres Hauses.« Der brachte dann nach Feierabend, mit einem Plastilin-Kratzer ausgerüstet, kleine Retouchen an – Honorar: eine Flasche Whiskey. (An einen Fotografen, das Werk abzulichten, wurde indessen in der Eile nicht gedacht – so blieb der Nachwelt lediglich ein Foto des noch schmal karossierten Versuchsträgers für den turbo-Motor erhalten, auf dieser Seite abgebildet.)

Ein Problem bereitete allerdings noch Kopfschmerzen – Wolfgang Berger erinnert sich: »Wie bekommen wir die vordere Serienstoßstange auf die Breite der Kotflügelverbreiterungen? Hinten war das kein Problem gewesen, da wurde einfach eine neue Schürze gebaut.« Die Lösung ergab sich schließlich aus einem zweiten Sachzwang, einem aerodynamischen: Ohnehin hatte sich im Windkanal erwiesen, daß ein Frontspoiler unumgänglich war. Und der wurde nun so gestaltet, daß er links und rechts die Anschlüsse von Stoßstange zu den Verbreiterungen überbrückte. Berger: »Wir machten aus der Not eine Tugend. Den Spoiler brauchten wir ohnehin. Und das ersparte uns Werkzeugkosten für spezielle Blechteile.«

Nach dem (umständlichen) Verfahren des ersten Musters sollten im Karosseriebereich schließlich auch die ersten Porsche 930 entstehen. Es wurden also Rohkarosserien der damaligen 911 H-Serie verwendet, deren Kotflügel großflächig um die Räder ausgeschnitten und Verbreiterungs-Blenden eingeschweißt. Die Blenden konnten mit Hilfe preisgünstiger Werkzeuge hergestellt werden. Und den Nachteil der bei diesem Verfahren höheren Herstellkosten glaubten die Verantwortlichen, vernachlässigen zu können – Berger:»Es waren ja nur 400 Stück geplant.«

Bis 15. November 1975 mußten diese Autos fertiggestellt sein, wollte Porsche den 930 bis 1. Januar 1976 homologiert haben. Daß sie sich schließlich in manchen Details deutlich vom 930-Urkonzept unterschieden, daran trägt das letztlich Anfang 1974 von der Federation Internationale d'Automobiles (FIA) präsentierte Gruppe 4-Reglement Schuld. Es sah nämlich in wesentlichen Details anders aus, als (nicht nur) von Porsche noch 1973 erwartet. So wurden nun verschiedenen Hubraum-Klassen Gewichts-Klassen und Felgen-Breiten zugeordnet.

Der im Hubraum drei Liter große und entsprechend einem Turbo-Faktor (1,4) als 4,2-Liter eingestufte Porsche 930 mußte nun bei einem Gruppe 4-Einsatz mindestens 1120 Kilogramm auf die Waage bringen – Berger:»Damit war unsere Philosophie der möglichst leichten Grundversion nicht mehr aktuell.« Die Nachricht überreichte Sport-Spezialist Jürgen Barth 930-Projektleiter Berger eines Nachmittags im März 1974 »um drei, halb vier« – es war die Geburtsstunde des Porsche turbo als Serienversion in seiner heute bekannten Form. Auf die Schreck-Sekunde folgte ein langes, gut anderthalb Stunden dauerndes Telefonat. Berger: »Nachdem ich mir über die Konsequenzen klar geworden war, habe ich mich mit dem damaligen Verkaufsleiter, Harald Wagner, in Verbindung gesetzt und über eine mögliche Verkaufsversion diskutiert. Vorausschicken muß man, daß der Verkauf zunächst nicht begeistert war – wir hatten

turbo-Debut, Paris, Herbst 1974: Der Super-Porsche der kommenden 15 Jahre stellt sich erstmals der Weltöffentlichkeit. Noch ist er auffällig mit Dekor-Elementen beklebt, die Heckstoßstange und -schürze haben noch nicht ihre endgültigen Formen.

schließlich gerade die Energiekrise. Aber bei diesem Gespräch kam heraus, was dann schließlich Ende 1974 auf dem Pariser Salon stand.«

Dort präsentierte Porsche einen üppig ausgestatteten Luxus-Sportwagen, mit elektrischen Fensterhebern, Klimaanlage, Radio, kurzum: mit dem gesamten Zusatzausstattungs-Arsenal des Hauses Porsche – doch davon später. Zunächst galt es, das ursprüngliche Lastenheft für den Typ 930 vom Dezember 1973 den neuen, nun endlich fixierten Rahmenbedingungen des Reglements anzupassen.

Waren dort noch unter der Rubrik »4. Karosserie« Dünnblech-Teile für die Sitzmulden, den Kofferraumboden, die Schalttafel-Ober- und Unterteile (Lastenheft-Randnotiz: »Umfang wird noch erweitert«), erleichterte Stoßfängerkonsolen und Prallrohraufnahmen, nur 4,2 mm starkes Dünnglas (von der Firma DETAG) rundum (Fondseitenfenster fest eingeglast), eine kleine (leichte) 44 Ah-Batterie, der Verzicht auf Notsitze, Handschuhkasten-Deckel, Zeituhr und Komplett-Unterbodenschutz (»nur Mindestanteil im Schleuderbereich der Räder, Fersenblech und Sitzmulden«) vorgesehen, so konnten diese Punkte mit der Begründung »keine Leichtbauversion erforderlich« am 5. Juni 1974 gestrichen werden.

Das war freilich nicht die einzige Änderung gegenüber ersten Planungen (und Lastenheft-Niederschriften). Wurde nämlich anfangs der turbo-Motor auf der Basis eines 2,7 Liter-Triebwerkes (911/50) entwickelt, so stellte sich schnell heraus, daß der Mehrhubraum des Dreiliter-Carrera RS (Typ 930/10) das turbo-typische Leistungs-Defizit bei niedrigen Drehzahlen, bedingt durch die niedrige Verdichtung, zumindest teilkompensierte. Zur 70,4 mm-Kurbelwelle gesellten sich deshalb Zylinder und Kolben des 95 mm-Maßes (statt 90 mm) – siehe dazu auch das Motoren-Kapitel, Seite 21.

Praktisch unverändert blieb so in erster Linie das Fahrwerks-Konzept, die Fahrwerksauslegung des neuen Porsche 930. Die orientierte sich an Grundeigenschaften des von Porsche gepflegten Elfer-Konzeptes, wonach das Fahrverhalten des Heckmotor-Boliden für unbedarfte Piloten

nicht ohne Tücken ist. Man wußte das bei Porsche natürlich, und man strebte von Modell zu Modell eine größere Gutmütigkeit des Zuffenhausener Klassikers an. Angesichts des drastisch gesteigerten Leistungs-Potentials des Typs 930 indessen schienen außerordentliche Bemühungen angeraten, der Heckmotor-Tücke entgegenzuwirken.
Wolfgang Berger: »Wir waren uns bewußt, daß unser 930 in der Hecklastigkeit noch ungünstiger wird – der Motor wanderte ja nach hinten, das Gewicht stieg an.« (siehe dazu auch das Fahrwerks-Kapitel, Seite 28). Es galt also, das Fahrwerk in der Kinematik zu optimieren. Höheres Gewicht bedeutete zunächst einmal den Gebrauch härterer Federn, härtere Federn bedeuten geringere Federwege. Berger:

Spielte sowohl in der Turbo-Geschichte als auch in der turbo-Geschichte eine entscheidende Rolle: Mark Donohue fuhr Porsche 917 Turbo in den USA zu entscheidenden Siegen, er entwickelte mit dem nach ihm benannten Fahrstil eine spezielle Turbo-Fahrweise, und er stimmte für Porsche in Frankreich das turbo-Serienfahrwerk ab.

»Wegen der damals gebräuchlichen schmalen Räder brauchten wir aber trotzdem die Radsturzänderungen des normalen Elfers.«
Wie aber wurde das Fahrwerk und dessen Kinematik modifiziert? »Vorn war das recht einfach«, erläutert Wolfgang Berger heute, »durch Anhebung der Lenkerpunkte. Hinten haben wir den Lenker verkürzt und die Lenkerachse angehoben. Die Maß-Veränderungen hat uns Mark Donohue auf der Paul Ricard-Rennstrecke mit einem Saugmotor-Carrera herausgefahren.« Doch es war nicht nur Intuition des amerikanischen Turbo-Fahrspezialisten (der die Porsche-CanAm-Boliden so meisterhaft beherrschte). Vielmehr arbeitete parallel dazu die Porsche-Versuchsabteilung gewohnt empirisch an der turbo-Fahrwerksabstimmung, brachte, so Berger, »wichtige Erkenntnisse«. So ging der Porsche turbo also 1975 mit der Donohue-Abstimmung in Serie, mit einer Kinematik, die grundsätzlich bis 1988 beibehalten wurde – obwohl sie im Hause Porsche nicht nur Zustimmung fand. Berger: »Es gab Stimmen, die diese Modifikationen nicht guthießen, die sagten, diese Änderungen brächten doch theoretisch nichts. Aber wir sagten uns, Theorie hin Theorie her – der Mark Donohue sagt, so geht's schneller, also ist's schneller ...«

Das turbo-Projekt wird korrigiert – die Amis korrigieren mit

Ein Amerikaner half mit, die turbo-Fahrwerksabstimmung zu finden. Und Amerikaner waren es, die dem turbo den Weg zum Verkaufs-Renner ebneten. Eigentlich sollte der turbo ursprünglich nur 400mal innerhalb von zwei Jahren gebaut werden. Ausschließlich europäischen Kunden war das starke Stück zugedacht – doch die Sportwagen- und Porsche-gierigen Amis machten einen Strich durch die sparsame, an Motorsport-Gesetzen orientierte Stückzahl-Kalkulation: Sie forderten ihren Teil vom turbo-Kuchen.
Solches Begehren wiederum konnten die Zuffenhausener nicht so einfach ignorieren. Schließlich zählten die Amerikaner zu den Porsche-Hauptabnehmern. Andererseits bedeutete Amerika aber auch höhere Kosten für Typprüfungen

und Abgastests. Die aufzufangen, beschloß der Porsche-Vorstand (Dr. Ernst Fuhrmann, Heinz Branitzki) das Produktions-Soll auf 1000 Stück und den Verkaufspreis auf deutlich über 65 000 Mark anzuheben – zu einer Zeit, da ein 911 Carrera 2.7 noch rund 44 000 Mark kostete, ein Achtzylinder-Ferrari (308 GT 4) für etwa 48 000 Mark zu haben war und fürs turbo-Geld gar ein Zwölfzylinder-Lamborghini (Jarama 400 GT für 64 500 Mark) mit 350 PS eingekauft werden konnte.
Zusätzliche Kopfschmerzen bereiteten Finanzmann Branitzki das zur turbo-Präsentation herrschende weltweite Meinungsklima, hervorgerufen durch die sogenannte Energiekrise Anfang der 70er Jahre, die zu Fahrverboten und Tempolimits geführt hatte: Power-Automobile waren schlicht und ergreifend out zu jener Zeit – und ausgerechnet jetzt stellte Porsche das Power-Auto schlechthin vor. Solche Nöte und Bedenken führten zur letztlich gewählten Porsche-Strategie, den turbo nicht zuvorderst als Kraftwagen zu vermarkten, sondern Betonungen auch auf Luxus, Komfort und Umweltverträglichkeit zu legen – alles Qualitäten, die durchaus zu den Meriten eines gut konstruierten Turbomotors zählen. Konsequent geriet der turbo so konzeptionell nicht zu einem Nachfolger der spartanisch ausgestatteten Carrera RS 2.7 (von 1973) und RS 3.0 (von 1974), sondern zu einem üppig ausgestatteten Luxus-Automobil, das um ein Haar nicht als »turbo« in die Sportwagen-Geschichte eingegangen wäre. Als schließlich verworfene Alternativ-Bezeichnung stand nämlich 911 Strabo zur Diskussion – Stra für Straße, bo für Turbo. Ob wohl ein Porsche Strabo auch zur Legende geworden wäre? Die Frage muß unbeantwortet bleiben – gut war sicherlich der Entschluß, für die Serienbezeichnung nicht die Entwicklungszahl 930 zu verwenden, sondern ihn auch in der Nomenklatur seiner Ausgangsbasis zuzuordnen: Porsche 911 turbo, turbo kleingeschrieben – unter dieser Bezeichnung wurde der Super-Porsche zum Begriff.
Wenden wir uns deshalb ohne Umschweife dem Herzstück des bis dato stärksten Serien-Porsche zu, dem die Weissacher Crew intern den Nummerncode 930/50 zugedachte.

Der erste Porsche-Serienturbo: Motortyp 930/50

Aufbruch zu neuen Leistungs-Horizonten

Die eigene Konstruktions-Nummer läßt es bereits vermuten: Porsche beschränkte sich nicht darauf, einfach einen Turbolader in den 911-Abgastrakt zu integrieren. Vielmehr entstand ein in vielen Details völlig neues Triebwerk, zwar basierend auf dem des Sportmodells Carrera 3.0 RS, doch kompromißlos abgestimmt auf die Erfordernisse aufgeladener Motoren.

So kommt beim zweiteiligen 930-Kurbelgehäuse eine Aluminium-Silizium-Legierung (statt der Aluminium-Magnesium-Legierung des 911-Gehäuses) mit vergrößerten Zylinderfuß-Aufnahmebohrungen (Durchmesser 103 statt 97 mm) zur Verwendung. Entsprechend weisen die 95 mm-Nikasil*-Zylinder vergrößerte Zylinderfüße auf, zugunsten besserer Wärmeabführung sind die turbo-Zylinder überdies tiefer verrippt und mit versenkten Stehbolzen montiert.

Die Spritzdüsen im Kurbelgehäuse zur Kühlung der Kolben erhielten einen um 0,5 auf 1,5 Millimeter vergrößerten Durchmesser.

Für die mit 6,5:1 extrem niedrige Verdichtung des turbo-Triebwerkes sind geschmiedete Leichtmetall-Kolben mit sehr flachem Kolbenboden verantwortlich (Carrera: gewölbt mit Ventiltaschen). Diese Verdichtungs-Reduzierung gegenüber dem Carrera 2.7 (8,5:1) berücksichtigt, daß sich die Kompression bei Ladereinsatz durch Zuführung vorverdichteter Luft in den Brennräumen drastisch erhöht. Bei vollem Ladedruck von 0,8 bar ergibt sich in den turbo-Brennräumen immerhin eine Verdichtung von rechnerisch circa 11:1. Pleuel, Pleuelbüchsen, -lager, Kurbelwelle und Kurbelwellen-Lager entsprechen dem Carrera 2.7. Das turbo-Schwungrad wiederum mußte für die verwendete größere Kupplung im Durchmesser um elf Millimeter auf 277 mm vergrößert werden. Größer im Außendurchmesser wurde auch die Keilriemenscheibe auf der Kurbelwelle (122 mm statt 116 mm), wodurch sich die Übersetzung Kurbelwelle zu Kühlgebläse zugunsten höherer Kühlleistung auf 1:1,67 (911: 1:1,3) änderte. Eine Kühlintensivierung schien auch Abdeckbleche auf der Zuluftseite oberhalb der Zylinderverrippungen, zusätzlich zu den abluftseitig angeordneten Zylinderluftleitblechen, bewirken. Um eine bessere Luft- und Temperaturverteilung für alle Zylinder zu erreichen, erhielt die Luftführung beim turbo zudem im Bereich des vierten Zylinders ein an die Luftführung angenietetes Luftleitblech. Deutliche Modifikationen erfuhren auch die turbo-Zylinder-

* Die Bezeichnung Nikasil verweist auf die verwendeten Legierungs-Materialien, nämlich Nickel (Ni), Kadmium (Ka) und Silizium (Sil).

Der 930/50 in seiner ganzen Pracht von 1975, Kraftpaket mit 260 PS aus drei Liter Hubraum. Gut zu sehen ist auf diesem Foto das aufwendige Abgassystem mit zwischengeschaltetem Turbolader. In den Endschalldämpfer entlädt sich nicht nur das bereits zum Lader-Antrieb genutzte Abgas, sondern durch ein kurvenreiches Rohr kleineren Durchmessers unter Lader-Umgehung auch vom gut sichtbaren Bypass-Ventil abgezweigtes Abgas. Die Treibstoff-Bemessung übernimmt eine mechanisch gesteuerte Bosch-Einspritzung (K-Jetronic).

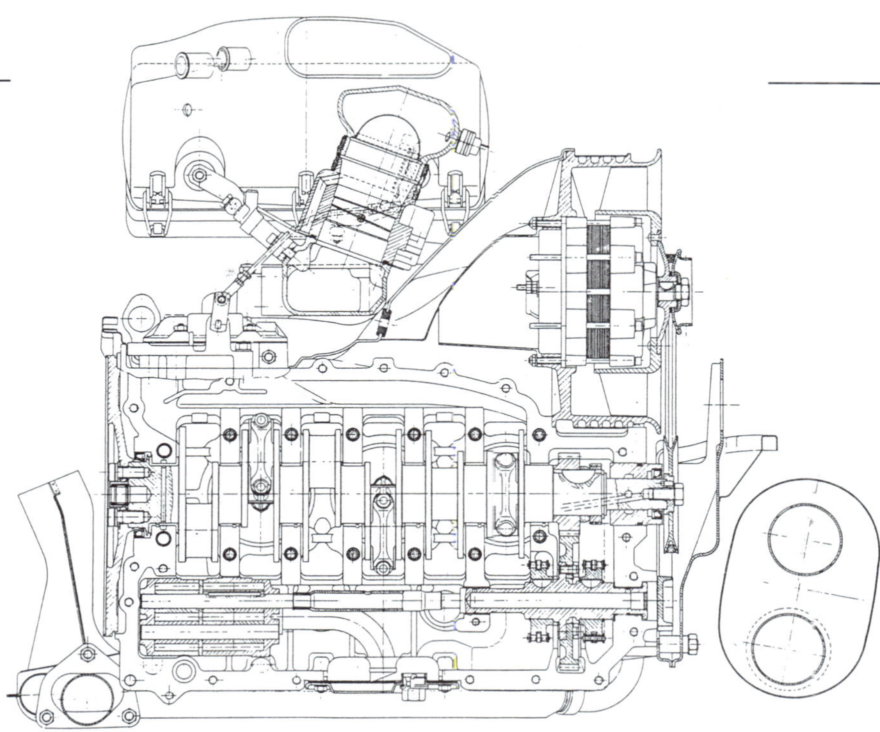

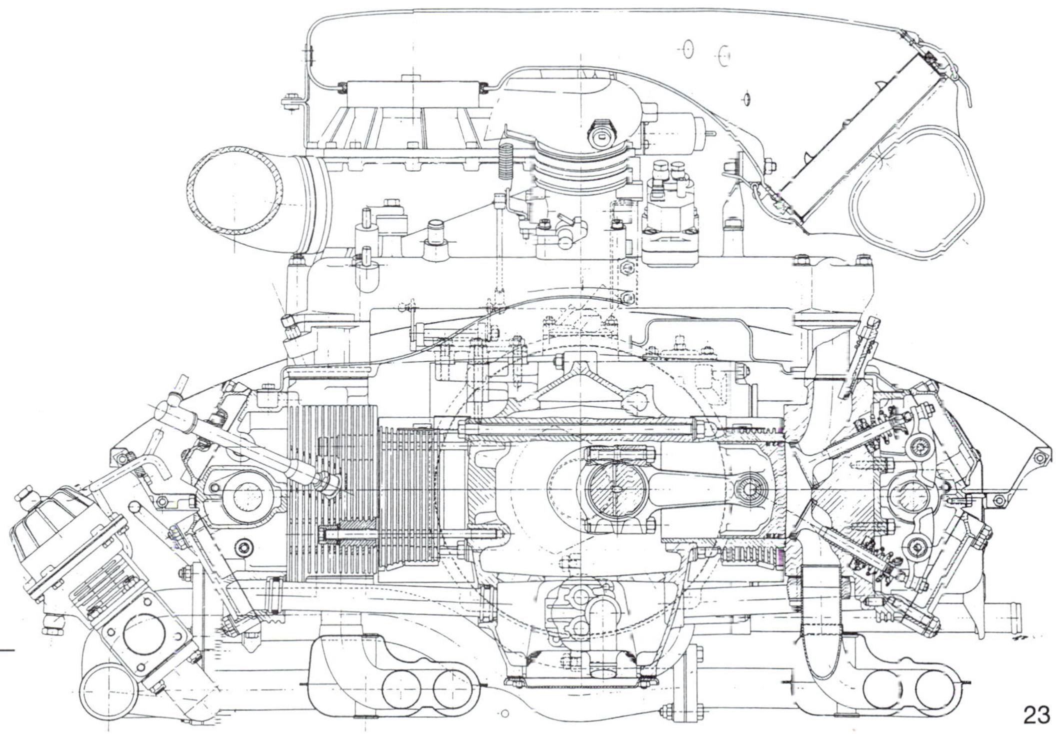

Der 930/50 im Quer- und Längsschnitt: Gut sichtbar sind die relativ gering gewölbten Kolbenböden zur Erzielung gegenüber dem Saug-Carrera größerer Brennrauminhalte (niedrigerer Verdichtung). Die K-Jetronic hat im turbo gegenüber dem Carrera einen Gemischregler mit größerem Stauscheibendurchmesser.

köpfe gegenüber den Sauger-Köpfen. So mußte die Brennraumform verändert werden, um (in Kombination mit den Flachkolben) die gewünschte niedrige Verdichtung von 6,5:1 zu realisieren. Der Einzelbrennraum-Inhalt beträgt so beim turbo 89,6 cm^3 gegenüber 65,8 cm^3 beim 2,7 Liter großen Carrera (Typ 911/83). Äußerlich läßt sich der turbo-Kopf an seinen extrem langen Stiftschrauben am Einlaßkanal identifizieren. Kaum weniger prägnant sind innere Korrekturen, erzwungen durch die andere Brennraumform: Die Einbauwinkel sowohl des Einlaß-, wie auch des Auslaßventils wurden verkleinert (Auslaß von 31 Grad 30′ auf 30 Grad 15′; Einlaß von 26 Grad 30′auf 25 Grad 30′).Die Ventile erhielten darüberhinaus größere Teller-Durchmesser, nämlich 49 statt 46 mm auf der Einlaß-Seite, 41,5 statt 40 mm bei den Natrium-gefüllten Auslaß-Ventilen. Statt aus legiertem Grauguß bestehen beim turbo die eingeschrumpften Ventilsitzringe aus vergütetem Sinterstahl. (Schon die allerersten turbos waren übrigens mit Bleifrei-Super zu betreiben.)
Die Nockenwellen rotieren im turbo statt in drei Gleitlagern in deren vier mit um zwei auf 49 mm vergrößerten Durchmessern. Zudem öffnen und schließen die Ventile 930-spezifisch. So öffnen die Einlaßventile 3 Grad nach oberem Totpunkt und schließen 37 Grad nach unterem Totpunkt (Werte des Carrera 2.7: Einlaß öffnet 38 Grad vor OT, schließt 50 Grad nach UT), die Auslaßventile öffnen 29 Grad vor unterem Totpunkt und schließen 3 Grad vor oberem Totpunkt (Carrera-Werte: 40 Grad vor UT, 20 Grad nach OT). Zwei elektrische, in Reihe hintereinander geschaltete Rollenzellen-Benzinpumpen (statt einer bei den Saugmotoren) bedienen mit höherer Fördermenge die im turbo mit höherem Systemdruck (6,0 bis 6,7 bar statt 4,5 bis 5,2 bar bei 911 und 911 S; der Carrera 2.7 verfügte damals noch über eine mechanische Saugrohreinspritzung) arbeitende Bosch K-Jetronic. Dabei ist die zusätzliche Pumpe am Vorderachs-Hilfsträger, die zweite Pumpe (wie beim Carrera das Solo-Aggregat) am Hinterachs-Querträger angebracht. Ein Kraftstoff-Druckspeicher konnte beim turbo entfallen. Dafür erhielt das Kraftstoff-System zwischen Benzinpumpe und Mengenteiler einen neuen, im Volumen vergrößerten Filter.
Vergleichsweise geringe Modifikationen erfuhr für den turbo das Schmierölsystem. So unterscheidet sich der Ölkreislauf von dem des Carrera lediglich durch die Erweiterung für den Turbolader, für die der Kreislauf am Verteilerstutzen des Öldruck-Gebers und des Fernthermometer-Gebers angezapft wurde. Die Ölpumpe wird ihren gesteigerten Förderaufgaben durch eine Verbreiterung um acht Millimeter gerecht, die eine höhere Druckleistung und Fördermenge im unteren Drehzahlbereich bewirkt. Allerdings ist für den Turbolader-Ölkreislauf eine separate Ölrückförderpumpe vonnöten, die von der linken Nockenwelle angetrieben wird.
Natürlich bedurfte auch die K-Jetronic-Einspritzanlage von Bosch für die Verwendung im turbo eingehender Überarbeitung. turbo-spezifisch sind bei ihr Gemischregler (Stauscheibendurchmesser 110 statt 85 mm), Drosselklappengehäuse (Drosselklappen-Durchmesser 63 statt 56 mm, zusätzliche Gehäuseanschlüsse für unterdruckgesteuerten Warmlaufregler und die Steuerleitung des Ladedruckregelventils), Warmlaufregler (wie bereits bei den US-Versionen des 2,7-Liters verwendet), Luftverteiler-Gehäuse und Kunststoff-Saugrohre (Länge 55 mm, für alle Zylinder identisch). Die Einspritzleitungen sind aus Stahl gefertigt, die Einspritzventile verlängert.
Wie aber funktioniert das Aggregat, das dem Porsche turbo Namen und Ruhm verlieh? Was hat es mit der bei Kühnle, Kopp und Kausch (KKK) in Frankenthal unter der Typbezeichnung 3 LDZ gefertigten Turbine auf sich, die, hinten im Bereich des linken Kettengehäuses montiert, über ein Gewirr von Rohren und Leitungen ver- und entsorgt wird? Lassen wir dazu die Ingenieure Wolfgang Berger und Julius Weber aus der Porsche-Versuchsabteilung zu Wort kommen, zitiert aus der Porsche-Hauszeitschrift »Christophorus«, Ausgabe Nr. 134.

Im Detail: das Turbo-System des Porsche turbo

Dieses Aggregat besteht aus einem Turbinen- und einem Verdichterrad. Beide Räder sind auf einer gemeinsamen Welle befestigt. Die dazugehörenden Verdichter- und Turbinengehäuse sind durch ein Lagergehäuse miteinander verbunden, welches die zur Führung der Turbinenwelle

▷
Unscheinbarer Preßluft-Hammer: Die KKK-Turbine vom Typ 3 LDZ dreht unter Vollast bis zu 90 000mal pro Minute.

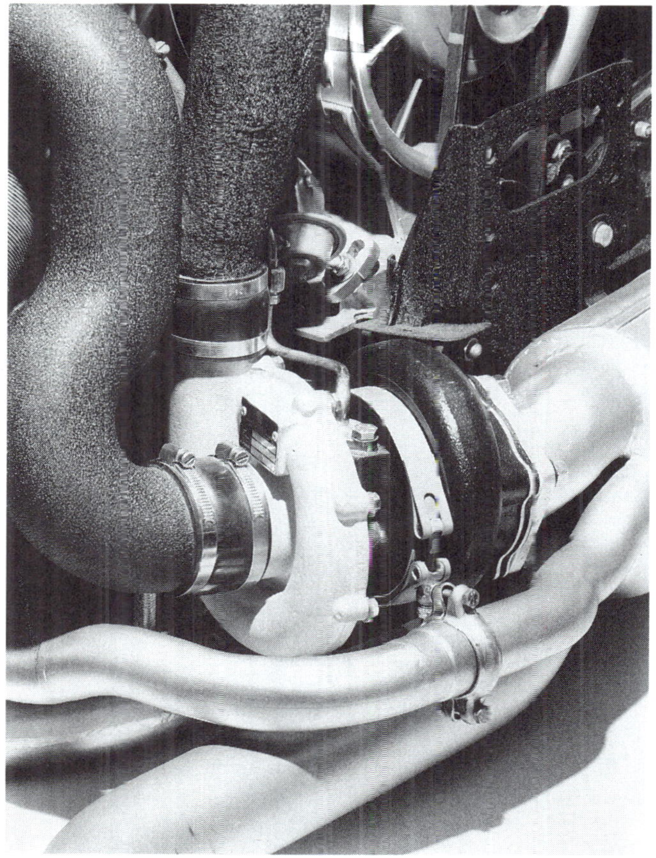

nötige Lagerbüchse aufnimmt. Um die relative Umfanggeschwindigkeit an den Lagerstellen so niedrig wie möglich zu halten, wird eine schwimmende Lagerbüchse verwendet. In der Praxis heißt das, daß sich die Lagerbüchse mit ca.⅓ der Wellendrehzahl im Lagergehäuse dreht. Bildlich gesprochen läuft die Lagerbüchse mit rund 30 000 U/min der sich mit 90 000 U/min drehenden Turbinenwelle nach. Die innere Lagerstelle der Büchse wird deshalb nur noch mit der Differenzdrehzahl von ca. 60 000 U/min belastet. Aus dem Funktionsschema des Turboladermotors ist die Arbeitsweise gut ersichtlich.

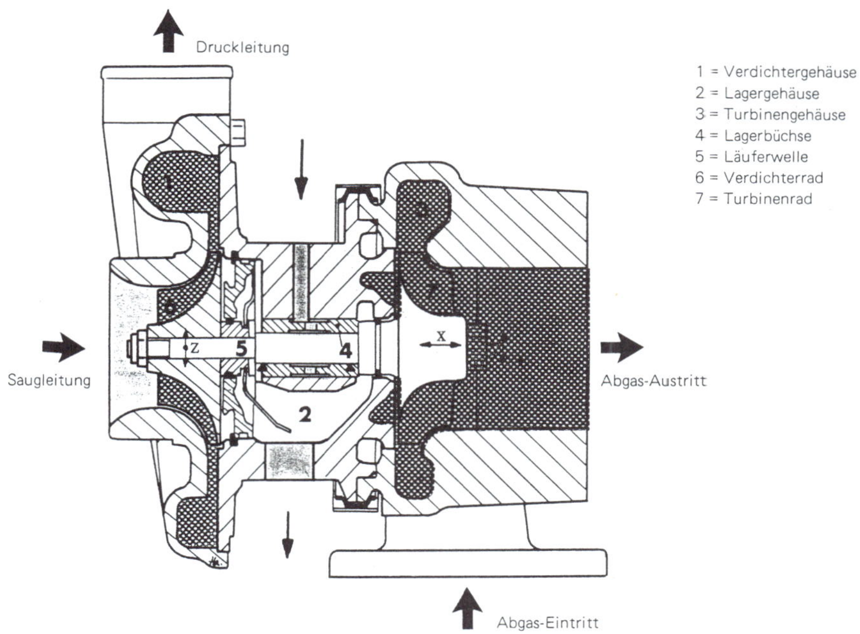

◁
3 LDZ-Detailskizze: Der Lader besteht aus dem Verdichtergehäuse (1), dem Lagergehäuse (2) und dem Turbinengehäuse (3). Das Lagergehäuse enthält eine schwimmende Gleitlagerbüchse (4), in welcher die Läuferwelle (5) gelagert ist. Die Lagerwelle ist beidseitig zum Turbinen- bzw. Verdichtergehäuse abgedichtet und ist mit dem Verdichterrad (6) und dem Turbinenrad (7) verbunden.

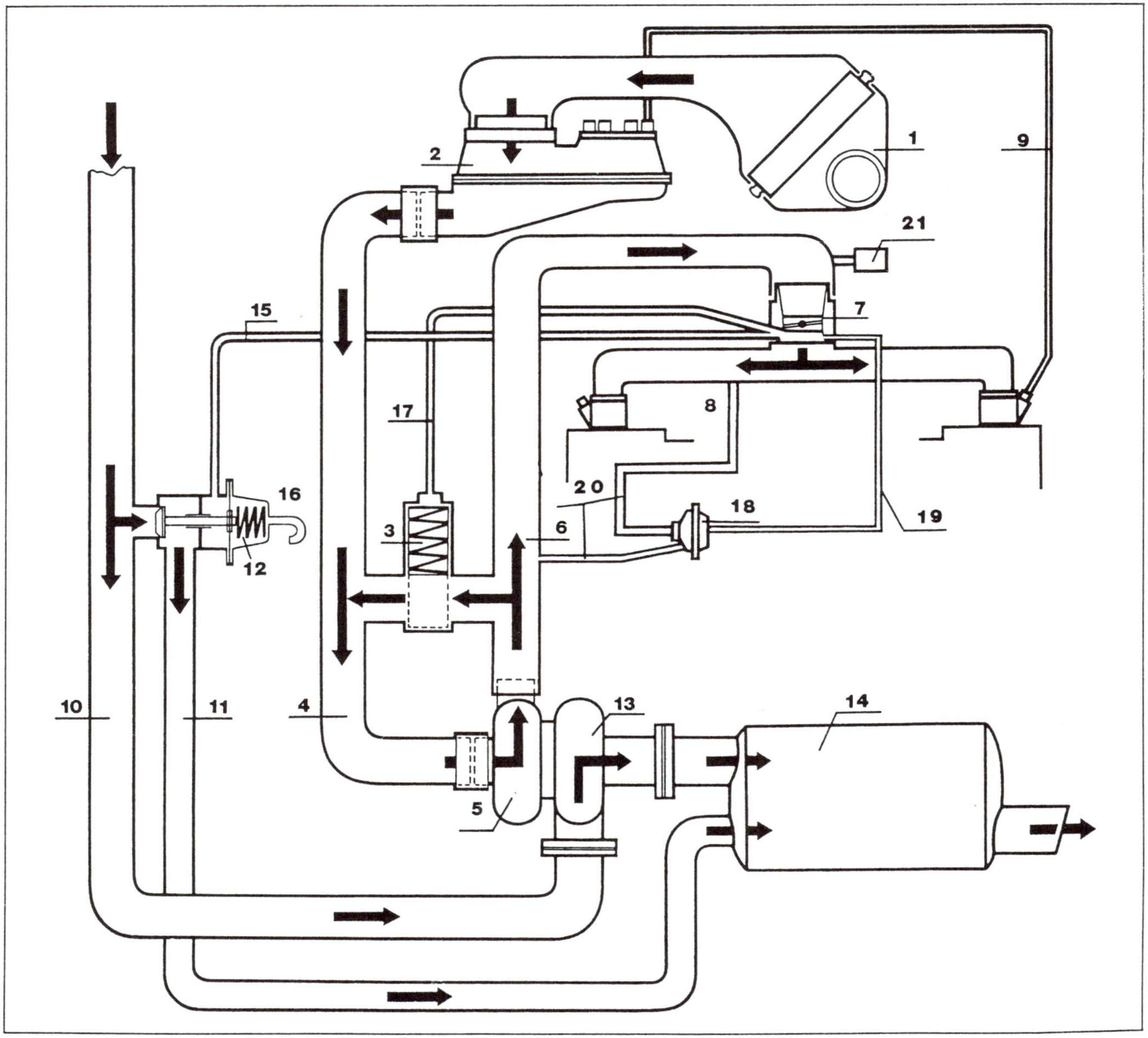

Funktionsschema des Turbolader-Motors Porsche 930/50 (Zahlen-Erklärungen im Lauftext).

*Das nach dem Arbeitstakt aus den Zylindern austretende Abgas wird in der Abgasleitung **(10)** gesammelt, und die in ihm enthaltene Energie treibt das sich im Turbinengehäuse **(13)** untergebrachte Turbinenrad an. Durch die gemeinsame Welle dreht sich auch das Verdichterrad im Verdichtergehäuse **(5)**, saugt über den Luftfilter **(1)**, den Gemischregler **(2)** und die Saugleitung **(4)** Luft an, verdichtet sich auf 0,8 atü und führt sie über Druckleitung **(6)**, Drosselklappe **(7)** und Ansaugverteiler **(8)** den Zylindern zu. Die Höhe des Ladedrucks wird durch das an der Abgasleitung **(10)** angeschlossene, membrangesteuerte Bypassventil **(12)** geregelt. Bei 0,8 atü öffnet der Ladedruck über die Steuerleitung **(15)** das Ventil, und überschüssiges Abgas wird über die Bypassleitung **(11)** direkt an den Abgasschalldämpfer **(14)** abgegeben. Das Abblaseventil **(3)** wird bei laufendem Motor und geschlossener Drosselklappe durch den im Ansaugverteiler entstehenden Unterdruck, über die Steuerleitung **(17)** geöffnet.*

Durch diese Maßnahme wird während des Leerlaufes der Ansaugweg verkürzt, Druckspitzen während der Schaltvorgänge werden abgebaut und die Laderdrehzahl wird auf ihrem hohen Niveau gehalten.

Um bei einem evtl. Defekt im Bypass-System hohe Ladedruckspitzen und damit Schäden am Motor zu verhindern, besitzt der Motor einen am Drucksystem angeschlossenen elektropneumatischen Sicherheitsschalter, welcher die Stromzuführung der Kraftstofförderpumpen und somit die Kraftstoffversorgung des Motors unterbricht, wenn der Ladedruck 1,0 – 1,2 atü übersteigt.

*Das Unterdruckbegrenzungsventil **(18)** begrenzt bei hoher Motordrehzahl und geschlossener Drosselklappe den Unterdruck im Ansaugverteiler **(8)** und sorgt hierdurch für eine einwandfreie Verbrennung.*

260 PS – 50 PS mehr als beim bislang stärksten 911-Serienmotor* in Saugversion – leistet der so aufgeblasene 930-Motor. Und dieses stattliche Potential nötigt doppelten Respekt angesichts der relativ moderaten Nenndrehzahl ab: nur 5500/min – 800/min unter der Carrera 2.7-Nenndrehzahl. Die Carrera-Maximalleistung (210 PS) liegt beim turbo übrigens bereits im 4000/min-Bereich an, die Nennleistung des damaligen 911-Basismodells (150 PS) wird schon bei etwas über 3000/min geboten.

Gleichermaßen beeindruckende Werte liefert die turbo-Drehmomentkurve, deren Gipfel sich bei 4000/min auf 343 Nm-Höhe befindet – 88 Nm mehr als beim Carrera 2.7 (bei 5100/min). Auch hier sind weitere Vergleiche aufschlußreich. So wuchtet der turbo das Carrera-Maximalmoment von 255 Nm bereits bei knapp über 2000/min auf seine Kurbelwelle, den 911-Wert (235 Nm) bei erhöhter Leerlaufdrehzahl von rund 1500/min.

Es versteht sich, daß solcher Gewalt auch auf Seiten der Kraftübertragungs-Elemente Rechnung getragen werden mußte. So erfuhr die insgesamt verstärkte Einscheiben-Trockenkupplung eine Vergrößerung des wirksamen Durchmessers um 15 auf 240 Millimeter, die Kupplungsmitnehmerscheibe eine Verstärkung um zwei auf 10,1 mm. Carrera RS-Stahlfedern statt der in den normalen Elfern verwendeten Gummitorsionsdämpfer übernehmen im turbo die Kupplungs-Nabendämpfung. Natürlich ist auch für eine höhere Anpreßkraft der Kupplungsscheibe gesorgt (920–1020 kp statt 795 – 866 kp bei 911 S und Carrera), somit für höhere mögliche Übertragungskräfte. Dabei wurde mit einem im Durchmesser um einen auf vier Millimeter verstärkten Kupplungsseil den höheren Kräften begegnet, durch einen modifizierten Kupplungspedalhebel die höhere notwendige Pedalkraft zumindest teilkompensiert. Dennoch erfordert das turbo-Kupplungspedal gegenüber dem des Saug-Carrera 2.7 eine um etwa ein Drittel höhere Pedalkraft.

Das völlig neu konstruierte Getriebe für den 930 mit der internen Bezeichnung 930/30 basiert zwar auf dem 915-Getriebe des Elfers, es verfügt jedoch zugunsten höherer zu übertragender Drehmomente für die Vorwärtsgänge bei gleichem Wellenabstand von 76 mm über breitere Zahnräder aus belastbarerem Werkstoff. Ausgelegt ist das 53 Kilogramm schwere 930/30-Getriebe für maximal rund 600 Nm, dem anvisierten Maximalmoment projektierter turbo-Rennversionen. Daß die breiteren, platzraubenderen Gangräder im Silumin(Silizium/Aluminium-Legierung)-Getriebegehäuse den Entfall des fünften Ganges erzwangen, wurde unter Hinweis auf die gebotene Elastizität des turbo-Dreiliters offiziell als marginal kommentiert. Auf Son-

* der 3.0 RS von 1974 sei als Motorisierung einer Kleinstserien-Sportvariante in diesem Zusammenhang unberücksichtigt.

derwunsch konnte ein Sperrdifferential geliefert werden, dessen Sperrwert ursprünglich 80 Prozent betragen sollte, in Serie dann aber auf das Handling* weniger beeinträchtigende 40 Prozent reduziert wurde. Je nach verwendeter Bereifung – siehe auch Seite 29 – kommen bei identischen Übersetzungen der vier Vorwärtsgänge zweierlei Achsübersetzungen zum Einsatz: 9/38 (4,222) für die Antriebsachsen-Bereifung 215/60 VR 15, 9/36 (4,0) für die im Abrollumfang kleineren 225/50 VR 15-Pneus.

Bei der Weiterentwicklung ihrer sogenannten B-Synchronisierung legten die Porsche-Ingenieure wert auf eine bessere Sicherung gegen Herausspringen des Synchronringes und eine größere Drehmomentübertragung. Das traditionelle Einlege-Hakeln des ersten Gangs, von versierten Porsche-Fahrern beim herkömmlichen Fünfgang-Getriebe durch vorheriges »Antippen« des gegenüber in der linken Schaltebene angeordneten zweiten Ganges vermieden, wurde beim 930-Getriebe durch ein Doppelsperrband mit entsprechendem Anschlag verbessert. Im übrigen erforderte die turbo-Schaltung bei Porsche-Kennern eine Umgewöhnung, was die Lage der Gänge anbelangt: Rückwärtsgang nun links vorn statt rechts hinten.

Freilich galt es nicht allein, das Getriebe fit zu machen für 260 PS. Auch die Porsche-Fahrwerks-Ingenieure waren gefordert, und die Aerodynamiker. Schließlich mußten sowohl Höchstgeschwindigkeiten bis zu 250 km/h als auch eine ganz spezielle Turbomotor-Leistungscharakteristik ins Kalkül gezogen werden. Porsche machte deshalb keine Kompromiße und stimmte das turbo-Fahrwerk trotz proklamierter Luxus-Ambitionen bewußt betont sportlich ab, sich an der Kinematik des Rennsportwagens Carrera RSR orientierend (siehe dazu auch Seite 104).

So wurden an beiden Achsen Sturz und Vorspurverlauf geändert, vorn durch Senken der vorderen Lenkerlager um etwa 6 mm (wodurch das eingefederte Rad eine negative Sturzstellung einnimmt) und Verdrehen der Lenkerdrehachse (zugleich wurde der Abstand des im Bereich der Lenkerlager verstärkten Vorderachs-Hilfsträgers zur Bodengruppe um etwa 21 mm reduziert). Wozu das ganze? Lassen wir dazu wieder die Herren Berger und Weber zu Wort kommen: *...wird insbesondere der höheren Rollsteifigkeit Rechnung getragen, die wiederum von einer härteren Grundfederung an der Hinterachse sowie der kräftigen Stabilisatoren vorn und hinten bewirkt wird. Der Verlauf der*

* extreme Sperrwerte begünstigen die Untersteuer-Tendenz und lassen das Fahrzeug speziell beim Kurveneinlenken kurvenunwillig erscheinen.

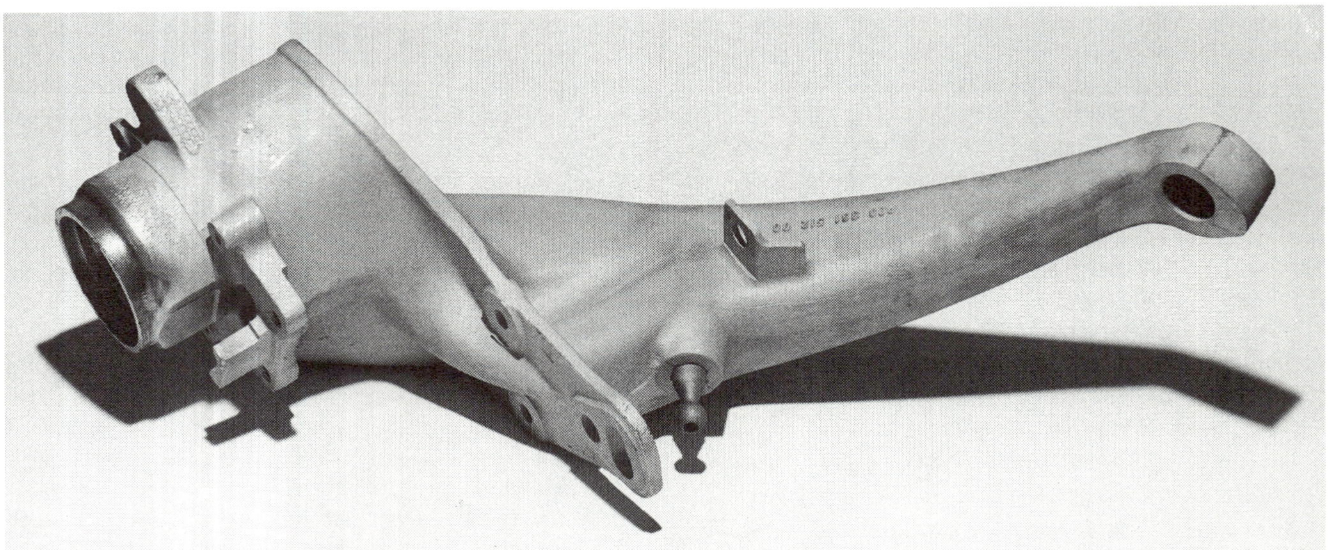

Besonders steif: für den 911 turbo neuentwickelter Hinterachs-Lenker aus Alu-Sandguß.

»…wesentliche Verbesserung beim Bremsen und Kurvenfahren« – gegen Aufpreis konnten turbo-Käufer im ersten Jahr an Racingreifen-Konstruktionen orientierte Serie 50–Reifen (Pirelli P 7) ordern, auf dem Foto in der Mitte stehend und am Fahrzeug montiert. Schon mit Modell ’76 löste dieser Reifen-Typ den ursprünglichen Serie 60–Reifen (hier rechts stehend) an der Hinterachse als Serienausstattung ab.

Vorspuränderung wurde so ausgelegt, daß sie die Lastwechselreaktion günstig beeinflußt.
Härtere Grundfederung hinten? Die war wegen des höheren Gewichtes vonnöten und wird von einem um drei auf 26 mm Durchmesser verdickten Feder-Drehstab bewirkt (Durchmesser vorn 18 mm). Die Querstabilisatoren meßen vorn wie hinten jeweils 18 Millimeter, was vorn gegenüber den Basis-Elfern eine Durchmesser-Reduzierung um zwei Millimeter bedeutet.
Ergänzt wurden diese Maßnahmen durch die Einführung neuentwickelter, besonders steifer Hinterachslenker aus Alu-Sandguß. Dabei wurden die Lagerpunkte für die Achslenker am Querrohr gegenüber dem Saug-911 um etwa 15 mm zur Fahrzeugmitte, um etwa 47,5 mm nach hinten und um 10 mm nach oben verlegt. Die neuen, sehr wuchtigen Lenker reduzieren genauso wie die vom Rennsportwagen 917 übernommenen Radlagerungen ungewollte Elastizitäten. Straffe Gasdruckstoßdämpfer von Bilstein runden das Maßnahmen-Paket zusammen mit breiteren Felgen vorn und hinten, sowie breiteren Spurweiten ab. So rollt der turbo bei seiner Präsentation vorn auf sieben Zoll breiten Schmiede-Alufelgen im bekannten Kleeblatt-Design, bereift mit 185/70 VR 15-Gummis, hinten auf Achtzöllern mit 215/60 VR 15ern. Diese Räder und Distanzscheiben (Stärke vorn 21 mm, hinten 28 mm) sorgen gegenüber dem damals stärksten Serien-911, dem Carrera 2.7, für einen dramatischen Spurweitenzuwachs vorn um 60 mm auf 1432 mm, hinten gar um 121 mm auf 1501 mm.
Auf Sonderwunsch konnten erstmals an Racing-Reifenkonstruktionen orientierte Serie 50-Reifen geordert werden (205/50 VR 15 vorn, 225/50 VR 50 hinten), denen Porsche »frappierende Vorteile« nachsagte – nämlich: »Senkung

des Geräuschniveaus, wesentliche Verbesserung beim Bremsen und Kurvenfahren, Gutmütigkeit bei Änderung des Kraftschlusses auf der Straße (z. B. Übergang naß – trokken), hervorragendes Ansprechen der Lenkung, keine Verschleißvergrößerung dank üblicher Straßengummimischung.« Allerdings haben die Serie 50–Gummis gegenüber der Basisbereifung einen um sieben Prozent kleineren Rollradius, was durch einen längeren Triebsatz (siehe Seite 28) ausgeglichen werden mußte.

Gebremst wurde der erste Serien-turbo vorerst noch mit der Carrera-Anlage: innenbelüftete Scheiben vorn und hinten (Durchmesser v/h 282,5/290 mm), Leichtmetallfestsättel vorn (hinten Graugußfestsättel). Anpassung an das turbo-Potential erfolgte zunächst lediglich durch die Wahl härterer Bremsbeläge (vorn Jurid 231 GH, hinten Textar TP 22 HH). Der Hauptbremszylinder entsprach der bisherigen USA-Version, verfügte also bereits über eine Bremskreis-Ausfallanzeige.

Doch der Fortschritt war in Weissach bereits in Vorbereitung, vom Duo Berger/Weber in der ersten technischen Beschreibung des neuen Porsche bereits angekündigt: *An dieser Stelle soll jedoch nicht verschwiegen werden, daß sich vom Rennsport her abgewandelte Lochscheiben in der Entwicklung befinden, die sich insbesondere durch rascheres Ansprechen bei Nässe und noch günstigeres Temperaturverhalten auszeichnen. Sie werden zu gegebener Zeit in die Serie einfließen (siehe dazu Seite 55).*

Unverwechselbar: die turbo-Silhouette

Das turbo-Breitenwachstum erzwang natürlich entsprechende Kotflügel-Wucherungen, die das turbo-Erscheinungsbild signifikant veränderten. Wie unorthodox sie entstanden, kann auf Seite 16 nachgelesen werden – auch, warum der turbo optisch dem Kleinstserien-Rennmodell Carrera RS 3.0 ähnelt: Die Verbreiterungen entsprechen in der Form denen des spektakulärsten Straßen-Saugers. Die genauen Breiten-Maße, erreicht zunächst durch Einschweißteile, sind: vorn 1700 mm, hinten 1775 mm). Somit ermöglichen sie auch problemlos noch breitere Räder ohne zusätzliche Abdeckungen: Schon der Dreiliter-Carrera RS trug schließlich hinten 235er-Walzen.

Allerdings erhielt der turbo einen etwas modifizierten Frontspoiler mit unterem Weichschaumabschluß, der bei Berührung mit harten Gegenständen etwas weniger häßliche Geräusche provoziert. Weichschaum umrahmt aus Sicherheitsgründen (Fußgänger) auch den Heckspoiler aus glasfaserverstärktem Kunststoff. Dieser Spoiler mußte denn auch nicht mehr wie der kantige Bürzel des Carrera RS 2.7 in Einzelabnahme mit Ausnahmegenehmigung die TÜV-Hürde passieren.Gegenüber der Version des Dreiliter-Carrera RS trägt der turbo-Spoiler ein zusätzliches Lufteinlaßgitter, von dem ein Luftkanal zum Kühlluftgebläse führt. Nicht nur eine intensivierte Frischluftzufuhr ist Sinn des zusätzlichen Lufteinlaßes. Vielmehr soll auch nach dem Motorabstellen die von den Zylindern und vom Turbolader aufgeheizte Motorraumluft schneller abgeführt werden können.

Doch damit nicht genug der Vorteile des mächtigen turbo-Luftleitwerkes. Schließlich reduzieren die beiden Spoiler den Auftrieb gegenüber der unbespoilerten Karosserie um fast 100 Prozent. Dadurch treten bei zunehmender Geschwindigkeit keine durch Luftkräfte hervorgerufene Radlastverringerungen auf. Und dieser Umstand wiederum sorgt für ein stabileres Bremsverhalten, für geringere Seitenwindempfindlichkeit, für bessere Kurvenlage und für ein direkteres Lenkungsansprechen.

Und was mußte für die turbo-Version an der verwendeten 911-Rohkarosserie sonst noch verändert werden? Das Bodenblech im Bereich der Aufnahmebuchsen für den Vorderachs-Hilfsträger wurde verstärkt, der Stehbord der Radlaufwand in den Bereichen der Querlenkerarme entfernt. Wegen der neuen Hinterachslenker-Konsolen mußten die Notsitzmulden örtlich leicht eingebeult werden, und natürlich war auch dem neuen, ausladenderen Hinterachs-Querrohr des turbo Rechnung zu tragen.

Die Heckschürze wurde etwas gekürzt, die Rückstrahler in die Stoßstangen-Gummileiste integriert, um der Vorschrift Genüge zu tun, nach der diese Katzenaugen einen Maximalabstand zur Kotflügelaußenkante nicht überschreiten dürfen (die in der Porsche-Blende zwischen den Rückleuchten-Einheiten integrierten Katzenaugen besitzen beim turbo keine rückstrahlende Wirkung).

Diese Silhouette steht für Kraft und Herrlichkeit. Porsche 911 turbo in seiner endgültigen Form. Dieser erste Fotowagen von Ende 1974 trägt hinter seinen Kleeblatt-Alurädern noch die ursprünglich vorgesehenen gelochten Scheiben, die in Serie erst mit Einführung des 3,3-Liters (Modell '78) eingeführt wurden.

S-CD 1337

PORSCHE
S-CD 1337

Von jeder Seite betrachtet verströmt der breitbackige Super-Porsche Bulligkeit: zum Sprung bereit.

Dieses Ur-Exemplar trägt noch die Basisbereifung in Serie 60 hinten und Serie 70 vorn (Pirelli CN 36), die die Radausschnitte dank größerem Abrollumfangs besser ausfüllen als die aufpreispflichtigen Serie 50er.

PORSCHE Turbo

Wo auch immer die tausendpferdigen Zwölfzylinder vom Typ 917/10 oder 917/30 an den Start gingen – man wußte im voraus, wie das Sieger-Fahrzeug heißen würde: Porsche Turbo. Noch mehr Rennen und noch mehr Erfahrung konnte niemand gewinnen; und so war es nur logisch und konsequent, diesen riesigen Wissens-Schatz auch in einem Straßen-Turbo zu verwerten.
Dieses Auto allerdings sollte nicht einfach »nur« unser neues Flaggschiff werden, sondern zugleich die Krönung der bewährten 911-Konzeption. Ein Markstein in der Porsche-Geschichte, der dem Automobilbau in aller Welt neue Maßstäbe setzt und neue Wege weist. Einer davon: die Turbo-Aufladung. Sie nutzt zur Vorverdichtung der Ansaugluft eine Energiequelle, die sonst wirkungslos verpufft: den Abgasstrom. Diese »zweite« Auswertung der Kraftstoffenergie erbringt eine enorme Leistungssteigerung. Dabei sind Verdichtungsverhältnis und Drehzahlniveau sogar niedriger, der Motor wird leiser und das Abgas sauberer – Laufkultur in Vollendung.
Erstmalig und einmalig ist bei diesem Wagen in faszinierender Weise die Synthese geglückt zwischen
der Leistung eines Rennsportwagens,
dem Komfort einer Luxuslimousine und
der problemlosen Alltagstauglichkeit eines Einkaufsautos.
Diese Kombination läßt keinen Wunsch mehr offen – weder beim anspruchsvollsten Fahrer noch beim verwöhntesten Fahrgast. In jeder Hinsicht ein Phänomen, verkörpert der Turbo bis ins kleinste Detail die Summe der Erfahrungen, die Porsche bisher im Sport und in der Serie sammeln konnte. Bei aller technischen und ästhetischen Exklusivität bleibt somit auch der Turbo ein echter Porsche: Robust, unempfindlich, zuverlässig. Regen und Schnee machen ihm und seinen hervorragenden Fahreigenschaften ebenso wenig aus wie Stadtverkehr und Stauungen seinem Triebwerk.
Die Alltagstauglichkeit – sonst der schwache Punkt der meisten Hochleistungssportwagen – ist seine faszinierende Stärke.
Noch eine Premiere also – mit einem Star ohne Allüren: dem Turbo von Porsche.

Doppelseite:
Einer der ersten turbo-Prospekte von 1975 betont turbo-Merkmale: natürlich den Heckspoiler, aber auch die Breitkotflügel und -reifen, die turbo-spezifische Innenausstattung und das (auf Wunsch am Armaturenbrett angebrachte) persönliche Namensschild des Besitzers.

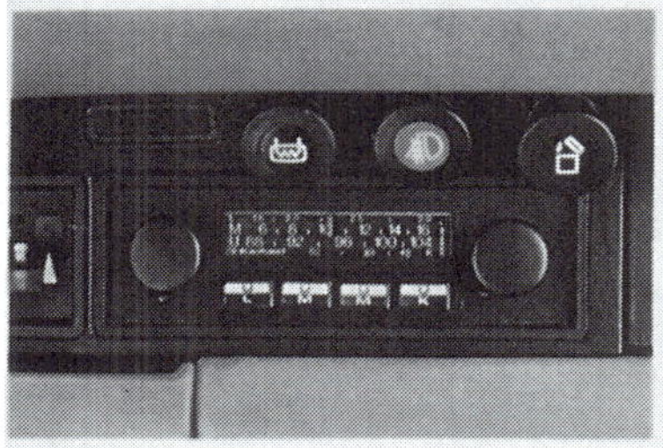

Ein faszinierendes Erlebnis – auch für Leute, die in schnellen und superschnellen Autos »zuhause« sind: Der Start im neuen Turbo! Atemberaubender als seine Höchstgeschwindigkeit von über 250 km/h ist seine Beschleunigung, wenn bei 3000 U/min der volle Schub einsetzt, und der Druck im Rücken immer stärker wird … Dabei flüstert der Motor nur, und das Fahrwerk beweist, daß ein schnelles Auto nicht hart sein muß. Zu diesem bisher unerreichten Komfort tragen die Ultra-Niederquerschnittsreifen mit dem Breiten-Höhen-Verhältnis 100 zu 50 maßgeblich bei.
Die rundum getönte Verglasung garantiert im Sommer angenehme Kühle und im Winter stets klare Sicht: auch die Frontscheibe ist beheizbar, die Heckscheibe sogar in zwei Stufen. Elektrische Fensterheber sind ebenso serienmäßig wie die Scheinwerfer-Reinigungsanlage, der Heckscheibenwischer, der Wisch-Intervall-Schalter, die Nebelscheinwerfer und der perfekte Heizkomfort, bei dem eine automatische Regulierung die vorgewählte Innenraum-Temperatur stabilisiert.

Hinter sich 260 PS, vor sich eine Plakette mit ihrem eingravierten Namen, so reisen Turbo-Eigner entspannt in Sesseln aus feinstem Leder, mit Original-Schottenstoff kombiniert, und nichts stört sie beim Stereo-Genuß. Selbstverständlich gehört zum Radio mit vier Lautsprechern eine Motor-Antenne.

911-Kenner fühlten sich im turbo-Cockpit sofort heimisch – turbo-Hinweis: die Zahl 300 auf dem Tachometer.

▷ Premiere im turbo: automatische Heizungsregulierung mit Temperatur-Vorwähldrehschalter zwischen den Sitzen …

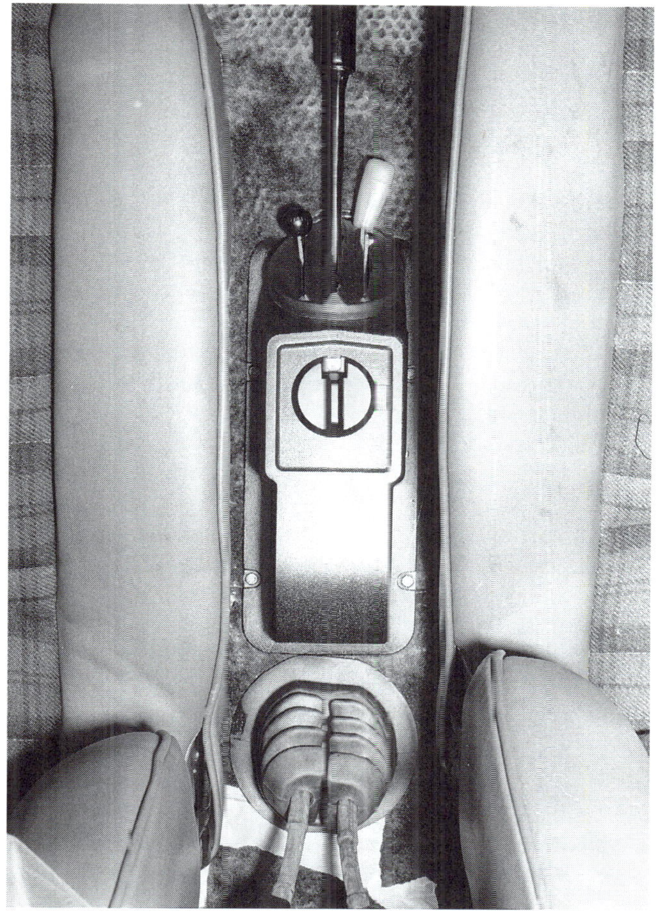

…und Thermo-Fühler zwischen den Sonnenblenden im Dachbereich (Abbildung unten).

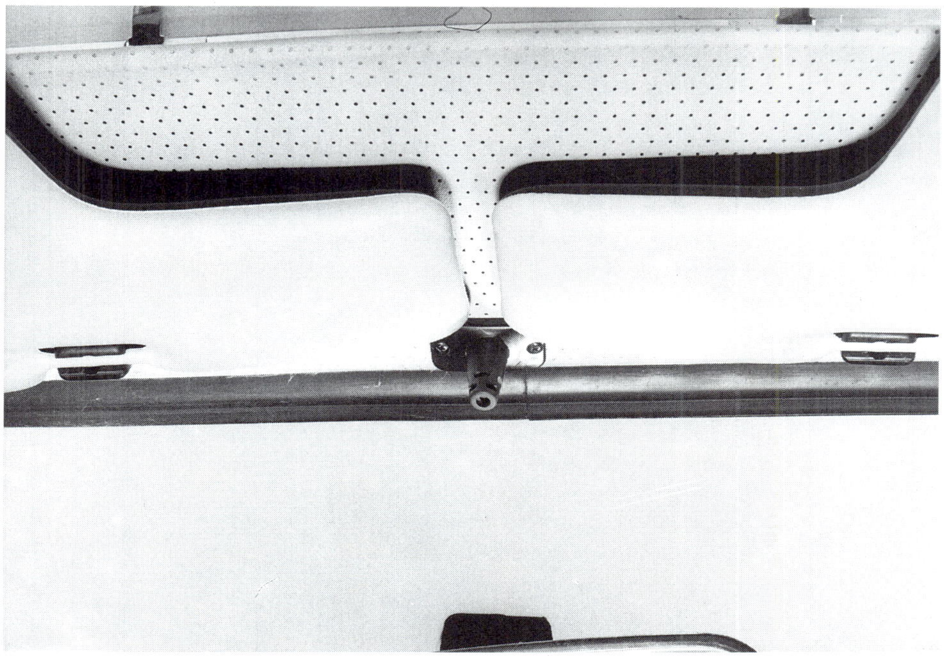

Äußerlich war der neue turbo auf Anhieb zu identifizieren – aus Fahrerwarte fiel das schon weniger leicht, solange nicht gestartet wurde. Einzig die respektheischende 300 km/h-Zahl auf dem Tachometer signalisierte Außergewöhnliches, einen Ladedruckanzeiger hielt Porsche hingegen für entbehrlich. Ansonsten behielten die Zuffenhausener bei, was sich in seiner Funktionalität bewährt hatte, und werteten das Ganze lediglich mit serienmäßig gelieferten Zutaten auf, die zum großen Teil auch für die Saug-Modelle (gegen Aufpreis) geliefert wurden. Dazu gehören die getönte Rundumverglasung genauso wie elektrische Fensterheber, Heckscheibenwischer, Scheinwerferreinigungsanlage, beheizte Front- und Heckscheiben und Nebellampen. An Luxusattributen wurde ohne Aufpreis geliefert: Lederausstattung (mit Schottenstoff kombiniert), Stereo-Casettenradio mit elektrischer Antenne, ein turbo-spezieller Velours-Teppichboden.
Die Heizanlage funktioniert im turbo erstmals bei Porsche automatisch. Dafür installierte Porsche ein elektrisch betriebenes Steuergerät, zwischen den Sitzen über dem Lagerbock für die Handbremse angeordnet. Wird der Drehschalter des Steuergerätes betätigt, verstellt dessen E-Motor über einen Stellhebel den an gewohnter Stelle (also vor dem Steuergerät)positionierten Heizungshebel. Temperatur-Steuersignale werden der Automatik über zwei NTC*-Temperaturfühler ermittelt, einer davon in der Heißluftzuführung angeordnet, der zweite zwischen den Sonnenblenden. Theoretisch gewährleistet dieses System das relativ konstante Einhalten einer vorgewählten Innenraumtemperatur unabhängig von Außentemperatur und Fahrgeschwindig-

* NCT = Negativer Temperatur-Koeffizient: Widerstand wird kleiner, je höher die Temperatur)

keit. Sollte die Automatik ausfallen, so konnte nach Lösen einer Mitnehmerschraube der konventionelle Heizungshebel von der Automatik abgekoppelt und manuell bedient werden.
Interessanterweise ermöglichte das turbo-Prinzip den Verzicht auf ein Heizgebläse, weil der durch den Lader bedingte höhere Abgasgegendruck in den Wärmetauschern für höhere Temperaturen sorgt.
Freunde gleißender Metalliclackierungen konnten beim turbo richtig in die Vollen gehen: Ohne Aufpreis wurde jede beliebige Serien-Metallicfarbe geliefert. Die Chromteile lieferte Porsche beim Ur-turbo wahlweise mattschwarz eloxiert oder verchromt, Scheinwerferringe und Außenspiegel in Wagenfarbe lackiert.
An Aufpreis-Extras offerierte Porsche lediglich Serie 50-Bereifung gegen 800 Mark, das Sperrdifferential gegen 690 Mark, eine Klimaanlage gegen 2400 Mark, Stoßstangen mit Aufpralldämpfer gegen 310 Mark, ein elektrisch betätigtes Schiebedach gegen 1390 Mark, Sportsitze à 220 Mark links und rechts und ein Sportlenkrad kleineren (380 mm) Durchmessers für 95 Mark. Extra honorieren ließ sich Porsche überdies die Mitte der 70er Jahre aktuellen sogenannten »Sicherheitsfarben« (orange, grün, gold und merkwürdigerweise schwarz), sowie aufgeklebte Porsche-Schriftzüge – Aufpreise jeweils 95 Mark.

Der turbo für Amerika: sauberer – und schlapper

Jener Markt, der die unplanmäßige Produktionsausweitung des neuen Super-Porsche erzwungen hatte, erforderte spezielle Maßnahmen, die ab Modelljahr 1976, also ab Ende 1975 griffen. Der US-turbo erhielt die interne Schlüsselnummer 930/51 (Euro-Version: 930/50) und eine Ergänzung der Typenbezeichnung: Er hieß in seiner ganzen Pracht Porsche turbo Carrera – womit er der vierte Porsche aller Zeiten war, der das beim 356 A anno 1955 eingeführte Adelsprädikat Carrera trug. Um den schärferen US-Abgasnormen zu entsprechen, installierten die Porsche-Techniker beim 930/51 eine Luftpumpe für zusätzliche Lufteinblasung, zwei Thermoreaktoren und Abgasrückführung – Maßnahmen, die dem turbo Carrera zwar einerseits gute Noten bei den Abgastests einbrachten, ihn andererseits aber auch gegenüber dem Euro-turbo (930/50) merklich schwächten (Details siehe auch Seite 44). Die offiziellen Daten dokumentieren 245 statt 260 PS bei unveränderter Nenndrehzahl von 5500/min und unveränderter Verdichtung von 6,5:1. Bemerkenswerterweise erlaubt Porsche amerikanischen turbo-Piloten die Verwendung von 91 ROZ-Normalbenzin (low-lead or lead-free), empfahl jedoch im »owner's manual« dann 96 ROZ (wie Euro-Piloten generell), wenn Wettbewerbe bestritten oder konstant höhere Geschwindigkeiten gefahren würden.
Nach Werksangaben vermochte der US-turbo kaum weniger schnell zu fahren, als sein Euro-Kollege: »more than 152 mph« nämlich, rund 245 km/h statt 250 km/h. »Road & Track«/USA kam gar im ersten turbo Carrera-Test auf 156 mph, knapp 250 km/h – trotz nicht einwandfreier Kupplung, die im übrigen auch optimale Beschleunigungswerte vereitelte (0–60 mph in 6,7 sec.).
Gleichwohl erscheinen diese Taten besonders eindrucksvoll, wenn bedacht wird, daß der damalige Porsche-Importeur für die USA, die Porsche-Audi Div., zum Ostküsten-Preis von knapp 26 000 Dollars sowohl die Klimaanlage serienmäßig lieferte als auch das Stereo-Casetten-Radio und Lederpolsterung. Das Leergewicht betrug so von »Road & Track« gewogene 1263 kg (Werksangabe 1195 kg), gegenüber 1210 kg des »auto motor und sport«-Testwagens in Euroversion.

Der 911 turbo in ersten Tests

»Völlig neue Dimension der Kraftentfaltung«

Auto-Enthusiasten waren Mitte der 70er in Resignation, ja in Schwermut verfallen. Das Auto, das sportliche allemal, galt damals (wie heute wieder) als Staatsfeind Nummer eins, als Energieverschwender, den Träumer lieber heute als morgen abgeschafft wissen wollten.

Da kam der Porsche turbo. Und der setzte neue Maßstäbe, die selbst hartgesottene Auto-Tester ins Schwärmen geraten ließen – etwa Gert Hack in »auto motor und sport« 11/1975 zu den Themen Laufkultur und Leistungsentfaltung: *...einfach und problemlos fährt man los, rollt mit niedriger Drehzahl dahin und bummelt mit 2000 Umdrehungen oder weniger im IV. Gang, ohne daß der Motor dies übel nimmt. Keine Frage: Langsamfahren ist mit dem turbo nicht nur möglich, sondern macht sogar Spaß.*

Der Spaß potenziert sich freilich, wenn eine freie Strecke in Sicht kommt und das Gaspedal voll durchgetreten wird. Was dann an Beschleunigung geboten wird, ist kaum anders als in einem Rennwagen. 80 km/h werden noch im I. Gang nach nur 3,6 Sekunden überschritten. Ein Atemzug länger, und schon muß bei über 140 km/h der III. Gang eingelegt werden, der den turbo mit scheinbar unverminderter Kraft in weniger als 20 Sekunden über die 200 km/h-Marke katapultiert.

Bis zu dieser Geschwindigkeit hat der turbo kaum einen Gegner zu fürchten, und auch darüber hinaus geht es zügig weiter, bis schließlich die Höchstgeschwindigkeit von 250 km/h bei der relativ niedrigen Drehzahl von rund 6000/min im IV. Gang erreicht wird.

Es ist jedoch nicht schiere Beschleunigung allein, die fasziniert, sondern mehr noch die Art und Weise, wie sie geboten wird. Ähnlich einem Schubtriebwerk vermittelt der turbo-Motor eine völlig neue Dimension der Kraftentfaltung, die im wesentlichen auf sein breites nutzbares Drehzahlband zurückzuführen ist. Besonders beeindruckend dabei ist, daß all dies überraschend leise und unerhört kultiviert vonstatten geht.

Daß Porsche den bisher bekannten Turbo-typischen Nachteil extrem verzögerter Leistungsentfaltung auf ein Minimum zu reduzieren wußte, war Hack lobende Erwähnung wert: *Er wird lediglich beim Lastwechsel in Kurvenfahrt oder beim Beschleunigen aus niedriger Teillastdrehzahl spürbar und ist nach kurzer Gewöhnung gut einzukalkulieren.*

Insgesamt, so der deutsche Tester, verkörpere der neue Porsche *in Laufkultur und Leistung neue Maßstäbe* – und in dieser Einschätzung war er sich mit seinen internationalen Kollegen einig. Die britische »Autocar« etwa feierte den

turbo in der Ausgabe vom 20. September 1975 als *Driver's car par excellence,* das für ein Heckmotor-Auto neue Maßstäbe setzen würde, kurzum: *das bestkonstruierte und dabei am wenigsten verspielte Superauto auf dem Markt.*
Und »Motor Trend«/USA? Hier das amerikanische turbo-Fazit im April 1976: *Porsche gelang es, unvereinbare Qualitäten wie Komfort, Eleganz und Kraft in einem einzigen Paket zu schnüren und damit dem turbo einen Stil zu verleihen, dem kein anderes Automobil gleichkommt.*
Einzig »Road & Track« in den USA betonte mit Nachdruck die spezielle Turbo-Schwäche mangelnder Durchzugskraft im Drehzahlbereich geringen Ladedrucks, was den US-Testern wohl deshalb besonders auffiel, weil sie den in den USA als »turbo Carrera« vertriebenen Über-Porsche mit dem parallel getesteten 911 S verglichen. *Wenn er unter 3000/min läuft, fühlt er sich eben an wie ein niedrig verdichteter Motor.... Ohne Ladedruck ist er sogar weniger drehmomentstark und weniger spontan als der kleinere 911 S.* Doch dieser Faux-Pas ist schnell vergessen, wenn sich Ladedruck aufbaut, wenn unter leisem turbo-Zischeln plötzlich der Katapult entsichert scheint, den Kopf in die Nackenstütze pressend. Der rechte Arm läßt sich dann nur mit Mühe vom Lenkrad in Richtung Schalthebel dirigieren – im Ersten geht alles so schnell vonstatten, daß meist bereits der Drehzahlbegrenzer bei plus/minus 7000 energisch abregelt, ehe der Neuling am turbo-Volant begriffen hat, daß nun Fahrstufe zwei einzulegen ist. Kurzes turbo-Zaudern im Zweiten – dann beginnt das Beschleunigungs-Inferno zum zweiten Mal, unvermindert, obwohl nun bereits das deutsche Landstraßen-Limit erreicht ist. Bis etwa 150 km/h reicht der linke hintere Gang, erst jetzt muß der Hebel nach rechts vorn gedrückt werden – Gang 3 ist an der Reihe. Wer gedacht hatte, daß spätestens im 180 km/h-Bereich Luft- und Rollwiderstände spürbares Erschlaffen verursachen, der sieht sich getäuscht: Faszinierend leichtfüßig überspringt der Super-Porsche die 200 km/h-Barriere, noch bei diesem Tempo wird die Nackenmuskulatur strapaziert.
Jetzt konnte ich mir's doch nicht verkneifen: 19 Zeilen «Zisch – und ab...» statt harter Facts –

Dreiliter-Modellpflege

Politik der kleinen Schritte

Er hatte sich schnell und prächtig auf den Weltmärkten etabliert, Porsches Schnellster und Teuerster. Die Bedenken der Kaufleute im Hause Porsche waren grundlos gewesen. Und überraschenderweise erwies sich der turbo auch gleich von Anfang an als relativ problemlos, was seine Zuverlässigkeit anbelangt.

So gab es lediglich zwei charakteristische turbo-Schwachstellen in der Anfangszeit, zum einen die Bosch K-Jetronic, zum anderen natürlich der noch weitgehend im Serienauto-Gebrauch unerprobte Lader. Wolfgang Berger heute: »Bei der K-Jetronic blieb gelegentlich die Stauscheibe hängen – ein in der Anfangszeit dieses System jedoch generelles Problem.« So erinnert sich Berger im Zusammenhang mit dem ebenfalls mit dieser mechanischen Anlage ausgerüsteten 934 (siehe auch Seite 104) an eine Grundausrüstung der Porsche-Rennmechaniker, einen Draht, mit dem durch das Luftgitter auf die klemmende Stauscheibe gedrückt werden konnte, damit der Motor in solchen Fällen wieder ansaugen konnte. Hin und wieder verbog sich der Stauscheibenhebel auch einmal und brachte die Gemischregelung gehörig durcheinander, sorgte gar gelegentlich für Feuerwerke in der Boxengasse – Kinderkrankheiten eines Systems, das seine Reifezeit noch vor sich haben sollte.

Und natürlich hatte auch der thermisch hochbelastete Turbolader Kinderkrankheiten – Berger: »Es gab hauptsächlich Verzüge der Turbinen-Welle durch Hitze-Spannungen. Da streifte dann die Turbine im Ladergehäuse, oder aber die Abdichtung der Welle versagte, so daß die Turbine Öl in die Brennräume pumpte, was beim Motorstarten zu gewaltiger Rauchentwicklung führte.« Solchen Verzügen wurde nach und nach durch modifizierte Materialpaarungen, durch geometrische Veränderungen der Turbinen-Schaufeln und der Lagerstühle so begegnet, daß sie kontrollierter vonstatten gingen. Tatsächlich half Porsche führend mit, in Zusammenarbeit mit Laderhersteller Kühnle, Kopp und Kausch (KKK) das Turbo-System alltagstauglich zu entwickeln. Und das geschah zum Teil bereits in der Prototypen-Phase, in der KKK auf Porsche-Drängen eigens ein Qualitäts-System der Laderprüfung installierte. Berger: »Der Lader war ja bis zum turbo im PKW kein Thema. Plötzlich waren da höchste Zuverlässigkeits-Ansprüche bei allerhöchsten Belastungen…«

Daß der turbo insbesondere in den Händen der langsamer fahrenden Amis zu verfrühtem Lader-Exitus führte, verweist Projektleiter Berger in den Bereich der Legenden: »Wir hatten in den USA nicht signifikant mehr Schäden in dieser

Hinsicht als in Europa.«Turbo-Schäden der Anfangszeit ließen sich überdies oft auf »Bedienungsfehler« turbo-ungewohnter Fahrer zurückführen: Empfindlich reagiert das Hochleistungs-Aggregat bis in heutige Tage auf plötzliches Motorabstellen nach länger andauernder Höchstleistungsfahrt. Unter diesen Umständen tun turbo-Fahrer gut daran, den Motor zur Laderabkühlung einige Momente lang gering belastet laufen zu lassen. Auch Nachlässigkeiten beim Einhalten vorgeschriebener Ölwechsel-Intervalle konnte bei dem an den Motorölkreislauf angeschlossenen Höchstleistungs-Aggregat schon einmal zum Infarkt führen.

Ansonsten bedurfte der turbo in seinem zweiten Jahrgang, dem Modelljahrgang '76, nur geringster Pflege. So erhielt die Kurbelgehäuse-Bohrung des Saugkanales der Druckölpumpe eine zusätzliche Schrägbohrung, über die das nicht zur Schmierung benötigte Drucköl über ein Überdruckventil wieder dem Saugkanal anstatt dem Kurbelgehäusesumpf zugeführt wird. Diese Änderung griff auch beim neu eingeführten Dreiliter-Carrera (mit Saugmotor). Und bei der K-Jetronic entfiel mit Modell '76 das bisher verwendete separate Warmlaufregler-Relais, dessen Aufgabe fortan das Steuer-Relais der Benzinpumpen mitübernahm.

Als Ausstattungs-Anreicherung lieferte Porsche nunmehr die zuvor als Option mit 800 Mark Aufpreis ausgezeichnete Serie 50-Bereifung serienmäßig (während die Serie 70/60-Pneus weiterhin auf Wunsch zu haben waren). Daß die verbreiterten hinteren Kotflügel in ihren vorderen Bereichen stärker als bei der Basiskarosse von durch die Vorderräder aufgewirbelten Splitt ausgesetzt sind, hatte sich im ersten Gebrauchsjahr des turbo herausgestellt. Eine künftig serienmäßige, schwarze Steinschlagschutzfolie im gefährdeten Bereich sollte dieser Beanspruchung Rechnung tragen. Ein von innen elektrisch verstellbarer Außenspiegel erleichterte nicht zuletzt das Rückwärtsrangieren, das von manchem Kunden der breiten rückwärtigen Kotflügelbacken wegen als beschwerlich empfunden wurde. Als ausgesprochen nützlich erweist sich überdies, daß der Außenrückspiegel nunmehr beheizbar ist.

Ein Blick vor die Hinterräder genügte, um das neue turbo-Modell '76 vom Vorjahrgang zu unterscheiden: Diese steinschlaggefährdete Partie schützte fortan ein sichelförmiger Kunststoff-Aufkleber. Der Außenrückspiegel läßt sich ab Modell '76...

Doch nicht nur den Blick zurück erleichterte Porsche mit Einführung des 76er Jahrgangs, sondern auch das Einführen des Türschlüssels ins Türschloß unter erschwerten Bedingungen: Ein kleiner, auf Knopfdruck einzuschaltender Strahler am Türschlüssel erleichterte fortan die Orientierung beim nächtlichen Einstieg.

Alle Porsche-Modelle, somit auch den turbo, betraf eine wesentliche Zugabe des Ende 1975 in Serie gehenden 76er Jahrgangs: nämlich die feuerverzinkte, somit optimal rostgeschützte Bodengruppe/Karosserie. Porsche vertraute auf die Feuerverzinkung derart, daß ab Modelljahr 1976 auf die gesamte Karosserie-Bodengruppe einschließlich der tragenden Elemente eine Garantie von sechs Jahren gegeben wurde.

Doch auch das turbo-System schien den Porsche-Managern bereits im zweiten Modelljahr ausgereift – dafür spricht die mit Modell '76 gewährte erweiterte Technik-Garantie: zwölf Monate ohne Kilometerbeschränkung. Zur richtigen Einordnung dieses Umstandes sei darauf hingewiesen, daß

...elektrisch von innen verstellen und ist überdies beheizbar.

Spoiler-Experiment von 1976: Die Schmalkarosse im Vordergrund trägt einen höheren Heckspoiler mit größerem, einteiligen Kühlergitter, wie es ähnlich später beim 3,3-Liter kommen sollte. Diese recht klobige Version ging indessen nicht in Serie.

Mitte der 70er Jahre so mancher Hersteller biederer Hausmannskost sich auf sechs Monate oder 10 000 Kilometer Garantie beschränkte.

turbo-Jahrgang '77: Weltmarkt-Vielfalt

Ende 1976 präsentierte Porsche einen 911 turbo, der sich äußerlich erst auf den zweiten Blick von seinen Vorgängern unterschied. Technisch war das Modell '77 indessen erstmals tiefergreifend überarbeitet worden, was es den Weissacher Technikern als angemessen erscheinen ließ, den 77er-Motoren neue Kennziffern-Zusätze zuzuordnen: /52 statt /50 für den Euro-turbomotor, /53 statt /51 für den USA-turbo und – neu hinzugekommen – /54 für eine Japan-Version des 930–Triebwerkes.
Diese Motortypen-Vielfalt ist Beleg für eine Verschärfung nationaler Abgas- und Geräusch-Vorschriften gegen Ende der 70er Jahre, so uneinheitlich jedoch, daß mit einer einzigen Version nicht mehr auf allen Festen getanzt werden konnte. Und gerade die Geschwindigkeits-begrenzten US- und Japan-Märkte verlangten mehr denn je nach dem stärksten und schnellsten deutschen Serienautomobil seiner Zeit. Daß die Japaner in ihrer Nachahmung amerikanischen Lifestyles den in den USA zum Kultobjekt erhobenen Porsche anstrebten, konnte den Zuffenhausenern nur recht, nicht aber billig sein.
Tatsächlich sollte sich das Nehmen nationaler Einfuhr-Hürden für das an Weltmaßstäben gemessen als Kleinstunternehmen einzustufende Porsche-Werk mit seinen Kleinststückzahlen als eminent teuer erweisen. Steigende Entwicklungskosten konnten (und können) nur auf verschwindend kleine Stückzahlen umgelegt werden – für Porsche boten sich so zwei Überlebens-Alternativen: höhere Preise oder höhere Produktionszahlen. Die dritte Alternative wurde auch in den End-70ern von automobilistisch orientierten Wirtschafts-Journalisten gerne diskutiert: die Anlehnung des Hauses Porsche an einen Volumen-Produzenten, oder gar der Verkauf des Familien-Unternehmens an Mercedes oder das Volkswagenwerk.
Porsche pflegt solche Gerüchte bis zum heutigen Tag zu dementieren. Und in Weissach fanden fähige Köpfe stets Möglichkeiten, einen Porsche Weltmarkt-tauglich zu machen. Für die Abgas-Spezialmärkte (USA, Japan, aber auch Kanada) erhielt der turbo deshalb Zusatzlufteinblasung, zwei Thermoreaktoren und eine Abgasrückführungsanlage (siehe auch Seite 38).
Im Detail: Mit Hilfe einer über Keilriemen vom Kühlluft-Gebläse angetriebenen Pumpe wird Luft zu den Auslaß-Kanälen transportiert, die dazu dient, die Abgase erneut zu entzünden und in den Thermoreaktoren sauberer zu verbrennen. Ein in die Luftleitung integriertes Rückschlag-Ventil sorgt dafür, daß die entzündeten Gase die Luftpumpe nicht beschädigen können. Parallel dazu werden Teile der Abgase in die Brennräume zurückgeführt, wo sie dazu beitragen, die Bildung von NO_x während des Verdichtungs-Taktes zu reduzieren. In der Kaltlaufphase sorgt ein elektrisch beheiztes Thermoschaltventil bei diesen Motorvarianten für die Öffnung eines Zusatzluftventils, das für eine erhöhte Leerlaufdrehzahl solange sorgt, bis es nach einer gewissen Aufheizzeit schließt. Durch diese Schaltung soll ein schnelles Aufheizen der Thermoreaktoren (somit verringerter CH-Ausstoß) erreicht werden. Damit nicht genug: Problematisch gestaltet sich bei den entgifteten turbo-Motoren auch die Phase kurz nach deren Abschalten. Um dabei zu verhindern, daß von der K-Jetronic im letzten Moment des Motorlaufs eingespritzter Treibstoff im heißen Auspuff (statt in den Brennräumen) nachverbrennt, steuert ein Verzögerungsrelais den Abschaltvorgang. Beim Motorabstellen werden so zunächst bei noch aktivierter Zündung die Benzinpumpen abgestellt, die Restbenzinmenge kann ordnungsgemäß verbrennen, ehe – mit Verzögerung – die Zündung abgestellt wird.
Solcher Aufwand geht nicht nur ins Geld, er kostet auch Leistung: Statt 260 PS entwickeln die Abgas-gesäuberten Übersee-turbos nurmehr 234 SAE-hp bei der unveränderten Nenndrehzahl von 5500/min (Quelle: »Owner's Manual '77«, No. 4672.21).Geringere Nennleistung, niedrigere Höchstgeschwindigkeit und etwas weniger explosives Temperament: Statt »über 250 km/h« verspricht die US-Betriebsanleitung »152 mph/245 km/h«. Und statt nur »5,5 Sekunden« vergehen bei der schlafferen US-Version nach Werksangaben »5,7 seconds«, bis aus dem Stand 100 km/h (62 mph) erreicht sind. Dafür dürfen US-turbobläser auch im neuen 930/53 bleifreies oder bleiarmes 91 ROZ-Benzin

tanken – es sei denn, sie rennen oder rasen konstant mit ihrem deutschen Super-Sportwagen. Unter diesen Umständen empfiehlt die Betriebsanleitung wie beim ersten US-turbo 930/51 höherwertigen 96 ROZ-Treibstoff. Keine Nationalmarkt-Unterschiede machten die Porsche-Techniker hingegen bei der Fahrwerks-Abstimmung und bei der Bereifung ihres 77er-turbojahrgangs. Weltweit dimensionierten sie den vorderen Querstabilisator gegenüber den Vormodellen um zwei Millimeter dicker (nun 20 mm, der Hinterachs-Querstabilisator mißt unverändert 18 mm), womit diese Dimensionierungen dem Carrera-Standard angeglichen wurden. Porsche hatte erkannt, daß dem turbo kein Kleinstserien-Schicksal bevorstand, Rationalisierung zur Kostendämpfung empfahl sich – deshalb erhielt der turbo ab Modell '77 an der Vorderachse auch die vereinfachte Stabilisatoraufhängung des normalen Saug-911. Beim neuen turbo-Jahrgang ging Porsche überdies auf 16 Zoll-Räder über und schuf damit vorweg Rahmenbedingungen, die für eine größer dimensionierte Bremsanlage im Folgejahr (siehe Seite 55) Voraussetzung waren. Unverändert blieben Felgen- und Reifen-Breiten mit 7/8 Zoll bzw. 205/225 mm (vorn/hinten). Mit ihrem größeren Durchmesser füllen die 16-Zoller die Radausschnitte besser aus, als die kleineren Räder und erweisen sich so auch optisch als vorteilhaft. Der größere Abrollumfang der üppigeren Bereifung hingegen wurde durch jene kürzere 9/38-Achsübersetzung (4,222:1) kompensiert, die beim turbo-Start anno 1975/76 im Zusammenhang mit der Serie 70/Serie 60-Bereifung auf 15-Zoll-Felgen verwendet worden war (bei 15 Zoll-Serie 50 fand die Kegel/Tellerrad-Kombination 9/36 = 4,000:1 Verwendung).
So ergeben sich im Vergleich zum Vor-Jahrgang nur unerhebliche andere Drehzahlzuordnungen zu bestimmten Geschwindigkeiten: Bei Nenndrehzahl (5500/min) läuft der 16 Zoll-bereifte 77er Jahrgang im vierten Gang ziemlich exakt 230 km/h gegenüber 234 km/h des Vorgängers, die ersten drei Gänge lassen sich beim Nutzen der erlaubten Maximal-Drehzahl (6700/min) bis ca. 82/140/205 km/h statt bis 84/143/210 km/h ausfahren. Die offiziell ausgewiesene Höchstgeschwindigkeit von unverändert (über) 250 km/h entspricht mit 16 Zoll-Rädern knapp 6000/min, mit 15-Zöllern indessen 5800/min – hier wie da für das turbo-Triebwerk völlig unproblematische Dauerdrehzahlen also.
Entspricht das turbo-Getriebe des Jahrgangs '77 in den Übersetzungen dem des Präsentations-Jahrgangs, so sorgen verstärkte Synchronisierungen des nun intern 930/33 (gegenüber zuvor 930/32 (bei Übersetzung 9/36) bzw. 930/30 (bei 9/38) bezifferten turbo-Getriebes für noch höhere Haltbarkeit, neues Doppelsperrband für den zweiten Gang sowie asymmetrisch angespitzte Schaltzähne beim ersten Gang für noch bessere Schaltbarkeit.
Doch damit nicht genug der Modifikationen unter dem Blech – auch die Kraftstoff-Versorgung erfuhr mit leistungsstärkeren Benzinpumpen, modifiziertem Kraftstoff-Druckspeicher und effizienterem Kraftstoff-Filter Modifikationen, die auf Schwächen der ersten beiden Jahrgänge hinweisen. Schwächen des einen oder anderen turbo-Fahrers sollen hingegen Überarbeitungen von Brems- und Kupplungs-Technik kompensieren – nicht zuletzt im Hinblick auf den Porsche-Anspruch, mit dem turbo ein ausgesprochenes Luxus-Automobil anzubieten. Zu diesem Anspruch passte es nicht, daß beim Treten von Kupplungs- und Bremspedal so manches Fahrer-Knie knackste und ermüdete – insbesondere im immer häufiger zu bewältigenden Stop-and-go-Verkehr.
Bedienungs-Hilfen waren deshalb das Gebot der Stunde. Doch altgediente Elfer-Treter nahmen den höheren Bedienungs-Komfort des neuen Jahrgangs mit Reserve auf: Daß sich die mit zusätzlicher Unterstützungsfeder am Getriebe und mit modifiziertem Pedalhebel aufgewertete Kupplung fortan fast so leicht treten ließ, wie in einem Kleinwagen, sorgte genauso für Proteste der »Gußeisernen«, wie das für Porsche-übliche Bremspedaldosierungen ungewohnt »giftige« Ansprechen der Scheibenbremsen.
Der links hinten im Kofferraum untergebrachte Bremskraftverstärker der Baureihe T 52 bezieht den nötigen Unterdruck dabei aus dem neugestalteten Drosselklappengehäuse. Den Verstärkungsfaktor bemaß Porsche beim turbo mit 1,8 niedriger als bei den zeitgleich aufgerüsteten 911 und Carrera (2,2). Und auch der Druckrohrstutzen des Turbo-Systems wurde ab Jahrgang '77 angezapft, um dem turbo-Piloten künftig mittels elektrischem Druckgeber und im Drehzahlmesser integriertem Ladedruckanzeiger Auskunft über die soeben anstehenden Über- oder Unterdruck-Verhältnisse im Ansaugtrakt zu geben.
Der munter hüpfende Zeiger mißt dabei Werte zwischen 0 und 1,5 bar, wobei die Betriebsanleitung vorschriftsmäßige

Neu beim turbo-Jahrgang '77: bis 1,5 bar meßender Ladedruck-Anzeiger, in den zentralen Drehzahlmesser integriert...

Druckverhältnisse so beschreibt: *Wenn Sie unter Last mit einer Motordrehzahl von etwa 4000 1/min fahren, sollte der Ladedruck ca. 0,8 bar/atü betragen. Überschreitet der Ladedruck diesen Wert, unterbricht ein Sicherheitsschalter die Kraftstoffzufuhr so lange, bis der korrekte Ladedruck wieder erreicht wird.*

turbo-Fahrer konnten also beim 77er turbo-Jahrgang mehr kontrollieren – sie hatten jedoch auch mehr Möglichkeiten als zuvor, das Innenraum-Klima zu beeinflußen. Zwei neue schwenkbare Mittel-Luftdüsen, in der Sicherheitspolsterung oberhalb des Radios angeordnet, verströmten nun auf Wunsch ungeheizte Frischluft (oder bei Fahrzeugen mit Klimaanlage auch gekühlte Luft) – eine angesichts des im Luftvolumen knappen, und sich deshalb bei sommerlichen Fahrten relativ schnell aufheizenden 911/930-Gehäuses wohltuende Neuerung.

Ergänzt wurde die Luftzutritts-Erweiterung durch eine Trennung von Frischluft-Mengenregelung und Gebläse-Intensität. Diese beiden Funktionen waren zuvor mit einem Schiebehebel gesteuert worden, so daß zur Dosierung der Frischluftmenge stets das Gebläse heranzuziehen war. Nun konnte mit einem separaten Hebel Frischluft wahlweise in der Intensität wie auch in der Richtung (Fußraumdüsen, Defrosterdüsen, oder aber Mitteldüsen) gesteuert werden. In der Praxis bedeutete diese Änderung freilich nicht nur Fortschritte. Vielmehr komplizierte sich das Heiz-Lüftungssystem des Heckmotor-Porsches ein weiteres Mal: Immerhin waren nun inclusive des zwischen den Sitzen angeordneten Temperatur-Wähldrehknopfes fünf Hebel zu manipulieren – ein Vorhaben, das eine eingehende Lektüre der Betriebsanleitung voraussetzt.

Einfacher war da schon die Funktion der zum Jahrgang 1977 neu eingeführten Zweikammer-Warnleuchte oberhalb des linken Radio-Drehschalters zu durchblicken. So rügt

▷
...und neue schwenkbare Luftdüsen in der Mitte des Armaturenbrettes (hier anhand eines 78er Modells dokumentiert).

deren obere Kammer mit rotem Leuchten solche Passagiere, die den Sicherheitsgurt für ein überflüssiges Extra halten. Ein Sitzbelastungs-Kontakt läßt die große Leuchte aufflammen. Die untere Kammer hingegen verweist bei eingeschalteter Zündung auf eine eventuell nicht völlig gelöste Handbremse oder aber auf den Ausfall eines der beiden Bremskreise.
Passive Sicherheit wird groß geschrieben im Hause Porsche – und zur passiven Sicherheit gehört auch eine jederzeit optimale Sicht. Mit dem neuen Jahrgang behält der Porsche deshalb seine elektrische Heizung für Front- und Heckscheibe, bedient über einen Zugschalter, der in Stufe eins die Windschutzscheiben-Heizung und die erste Stufe (150 Watt) der Heckscheibenheizung aktiviert. In der zweiten Raste wird die Frontheizung abgeschaltet, dafür wird die Heckscheibe unter 300 Watt gesetzt. Dabei schaltet ein Regelrelais die Leistung der Heckscheibenheizung dann zurück, wenn der Strombedarf der außerdem eingeschalteten Verbraucher die momentane Leistung der 980 Watt-Drehstromlichtmaschine übersteigt. Bei einer Normalisierung des Stromhaushaltes wiederum schaltet die hintere Scheibenheizung automatisch wieder zu.
Und wie steht's mit der Diebstahl-Sicherheit des Langfinger besonders anziehenden Sportwagen-Klassikers aus Zuffenhausen? Auch Dieben wird mit Jahrgang 1977 der Porsche-Klau ein wenig schwerer gemacht. So kommen statt mit einem Draht von außen manipulierbaren Türverriegelungsstiften nun in die Türtafeln versenkt eingelassene Rändelräder zum Einsatz, hinter den Haltegriffen angeordnet. Zwar ist Sichtkontrolle nach wie vor möglich, weil ein Verriegelungsstift an gewohnter Stelle kurz hinter dem Dreiecksfenster-Steg aus der oberen Abdeckblende ragt. Doch im Gegensatz zu früher trägt der an seinem oberen Ende keine griffgünstige Verdickung mehr (an der eben auch eine Drahtschlaufe Halt fand), weil das Entriegeln von innen mit Hilfe des Rändelrades erfolgt.
Modebewußten turbo-Käufern erschwert Porsche mit Modelljahr '77 mit einer geänderten und erweiterten Lack- und Ausstattungs-Palette die Qual der Wahl. Ansonsten ist die Aufpreis-Liste weiterhin kurz, weil praktisch alles, was bei 911 und Carrera aufpreispflichtig gehandelt wird, beim turbo zur Serienausstattung zählt – und sogar noch etwas mehr, beispielsweise eine Mittelkonsole vor dem Schalthebel zur Aufnahme von vier Casetten-Fächern oder ein kleines silbernes Metallschildchen auf dem Handschuhfachdeckel mit dem eingravierten Namen des stolzen (Erst)-besitzers.
Einzig ein 40%-Sperrdifferential (795 Mark), Aufpralldämpfer vorn und hinten nach dem Muster der in die USA gelieferten Exemplare (360 Mark), Beifahrer-Außenspiegel (175 Mark), elektrisches Schiebedach (1450 Mark), Klimaanlage (2600 Mark), Sportsitze von Recaro (520 Mark), ein gegenüber dem Serienexemplar noch hochwertigeres Blaupunkt-Radio (500 Mark), eine größere (88 Ah)-Batterie (65 Mark) oder schraffierte turbo-Schriftzüge (295 Mark) können den mittlerweile auf 70 000 Mark »aufgerundeten« Preis des 77er turbo-Jahrgangs weiter erhöhen – und nicht nur den. Gab Porsche für den 77er turbo in Basisausstattung schon offiziell ein gegenüber dem Ur-turbo um 55 kg auf 1195 kg angewachsenen Gewicht (nach DIN) zu Protokoll, so fuhren die meisten letztlich in Umlauf gebrachten Luxus-turbos des angereicherten Jahrgangs knapp 1,3 Tonnen auf die Waage.

Mit 3,3 Liter Hubraum noch mehr Leistung

Die Stufe 2 wird gezündet – turbo-Jahrgang '78

Es war abzusehen: Komfort und Luxus gehen ins Gewicht, verschlechtern das Leistungsgewicht – und damit die erzielbaren Fahrleistungen. Ende der 70er Jahre erkannten die weitsichtigen Weissacher Techniker überdies bereits, daß sich die Abgas-Gesetzgebung auf den europäischen Märkten der Zukunft an amerikanischen Normen orientieren werde – und Abgasentgiftung kostet genauso Leistung, wie sie das Fahrzeuggesamtgewicht in die Höhe treibt.

Porsche selbst hatte seit dem Modelljahrgang '76, also seit Ende 1975, mit dem Carrera 3.0 ein Dreiliter-Saugermodell im Programm, mit 200 PS zwar nominell deutlich schwächer, doch dank niedrigerem Gewicht und fehlendem turbo-Loch im unteren Drehzahlbereich in den realisierbaren Fahrleistungen nicht so eklatant unterlegen, daß ein Vergleich der beiden Haus-Konkurrenten im normalen Straßenbetrieb regelrechte Klassenunterschiede ergeben hätte. So fiel bereits kurz nach Präsentation des Dreiliter-Carrera in Weissach die Entscheidung, mit dem turbo die Flucht nach vorn anzutreten – zuzulegen in Hubraum, in Leistung, im Verzögerungs-Potential, in der Ausstattung.

Was Porsche dann Ende 1977 als Modell '78 präsentierte, das sollte den Ur-turbo in der Tat in den Schatten stellen, ein geradezu brutal motorisierter Super-Sportwagen, den »auto motor und sport« im ersten Test sinnig »Heißes Eisen«, die britische »Autocar« kurz und bündig »Titanic Turbo« nannte. So war es Porsche gelungen, nochmals 40 PS (bei der Euroversion) zuzulegen, die runde Zahl 300 in die Leistungsspalte des Fahrzeug-Briefes einzutragen. Die Hubraum-Vergrößerung um exakt 306 cm³ auf nunmehr 3299 cm³ bewirkte solchen Leistungsschub frei ich nicht alleine – dennoch soll auf sie als erstes eingegangen werden. So verwendete Porsche beim turbo 3.3 – Kennziffer 930/60 – sowohl neue Kolben und Zylinder mit stattlichen 97 mm Bohrung/Durchmesser statt zuvor 95 mm. Dabei unterscheiden sich die an den Innenseiten Nikasil-beschichteten Aluminium-Zylinder des 3.3 vom 3.0 schon optisch dadurch, daß sie an ihren dem Kühlgebläse zugewandten Seiten ohne Kühlrippen, ablufseitig dafür mit stark verlängerten Rippen versehen sind. Die 3,3 Liter-Kurbelwelle unterscheidet sich von der des Dreiliters nicht nur durch den möglichen größeren Hub von 74,4 statt 70,4 mm, sondern auch durch ihre größeren Hauptlager sowie das Vorhandensein zweier Gegengewichte pro Wange statt deren eines bei der 70,4 mm-Welle. Hier die wichtigsten Kurbelwellen-Abmessungen der beiden turbo-Versionen im Vergleich:

Typ			turbo 3.0	turbo 3.3
Hub		mm	70,4	74,4
Hauptlagerzapfen-∅	Lager 1–7	mm	57,0	60,0
	Lager 8	mm	31,0	40,0
Pleuellagerzapfen-∅		mm	52,0	55,0
Bund-∅ für Schwungraddichtring		mm	65,0	90,0

Doppelseite:
»Titanic turbo«: der mit Modelljahrgang '78 neue 3,3 Liter-turbo, Kennziffer 930/60, im Längs- und Querschnitt. Die Kurbelwelle sorgt für vier Millimeter mehr Hub, die Hauptlagerbohrungen im Silumingehäuse wurden im Durchmesser um drei Millimeter vergrößert. Krönung: der Ladeluftkühler (siehe Längsschnitt).

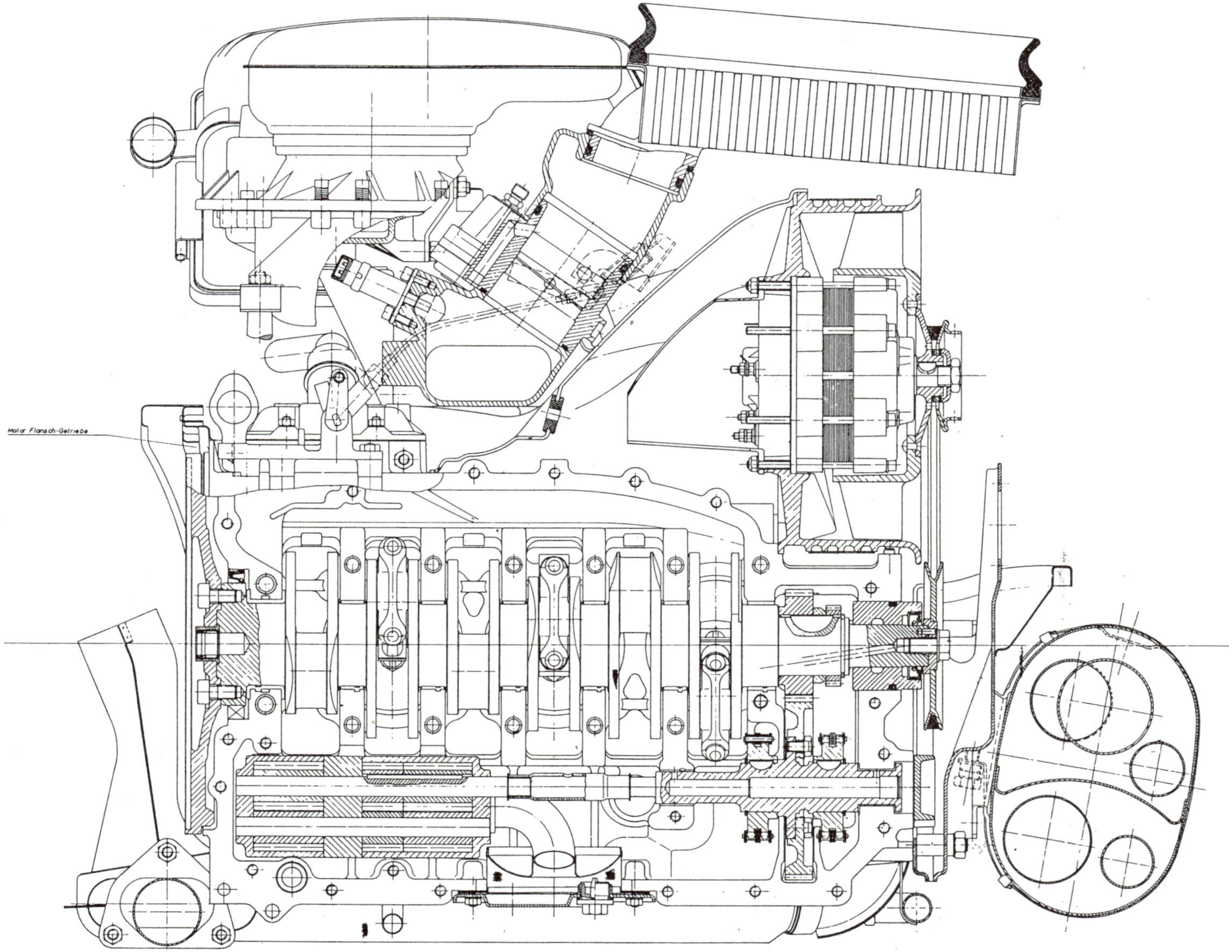

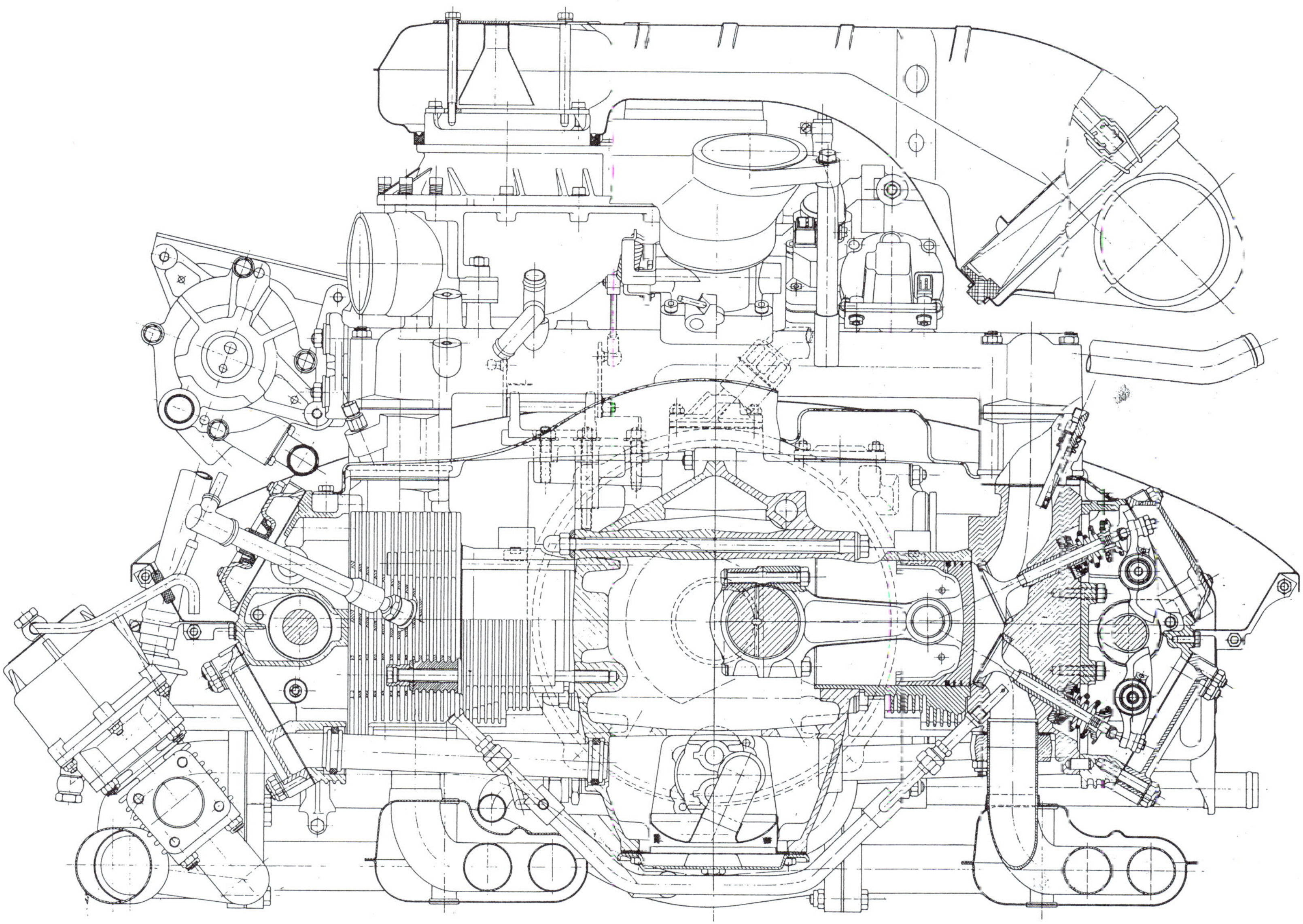

Für die neue Kurbelwelle wurden die Hauptlagerbohrungen im Silumin-Kurbelgehäuse im Durchmesser um drei auf nunmehr 65 mm vergrößert. Auch die Bohrung für den Wellendichtring am Schwungrad erfuhr eine Erweiterung, und zwar um 25 mm auf 110 mm, wodurch der Dichtring des Motortyps 928 verwendet werden kann. Die Befestigung des Schwungrades an der Kurbelwelle erfolgt beim 3.3 statt an nur sechs an neun Schrauben, mit einem Lochkreisdurchmesser von 70 mm (statt bisher 44 mm) angeordnet.

Für rund ein Drittel der Mehrleistung gegenüber dem Dreiliter ist beim 3.3 indessen eine Neuerung verantwortlich, mit der sich Porsche erneut als Trendsetter bei Serien-Automobilen profilierte: mit dem Ladeluftkühler, oberhalb des Sechszylinder-Boxers unter einem neugestalteten Heckflügel (auf den noch später eingegangen werden soll) angeordnet. Dieser Kühler reduziert nämlich die Temperatur der den Brennräumen zwangsweise zugeführten (und deshalb während der Verdichtung im Turbo ader auf bis zu 150 Grad Celsius aufgeheizten) Luft um bis zu 100 Grad Celsius. Dar-

Doppelseite:
Optisch wird der neue 3,3-Liter 930/60 vom Behr-Ladeluftkühler dominiert. Das Bypass-Ventil ist weiter nach hinten gerückt, wodurch die Bypass-Abgasleitung zum Schalldämpfer kürzer ausfiel (vergleiche mit Dreiliter auf Seite 22).

aus ergeben sich gleich zwei Vorteile (siehe dazu auch Gert Hack, »Turbo Autos, Turbo Motoren«, erschienen im Motorbuch Verlag Stuttgart), nämlich zum einen eine größere Luftdichte der zugeführten Luft bei einem gegebenen Ladedruck (vereinfacht gesagt: mehr Sauerstoff), zum anderen eine geringere thermische Belastung des Motors, deshalb eine geringere Neigung des Gemischs zur Selbstentzündung (also eine geringere Klopfempfindlichkeit).
Porsche nutzte die dem Ladeluftkühler zu verdankenden Reserven beim 3.3 zur Grundverdichtungs-Erhöhung von 6,5:1 auf 7,0:1, somit zur Erzielung höherer Effizienz des Triebwerkes in Drehzahlbereichen, in denen der Abgas-Turbolader seine Pumpwirkung noch nicht voll zu entfalten vermag. Damit konnte die Lethargie des Kraftwerkes im unteren Drehzahlbereich spürbar abgebaut, aber auch die Wirtschaftlichkeit (Kraftstoffverbrauch) verbessert werden.
Auch der KKK-Lader vom Typ 3 LDZ/319 C 11.1 wurde im übrigen nicht unverändert vom Dreiliter übernommen. Er wartet im 3.3 vielmehr mit einem größeren Verdichter auf, womit sich Porsche im Interessenskonflikt Maximalleistung (also größere Turbine) kontra schnelleres Laderansprechen (mit kleinerer Turbine realisierbar) eindeutig entschied.
Und worin unterscheidet sich der größere turbo-Motor von seinem kleineren Vorgänger motorisch sonst noch? Auch die Euro-Version bläst dank der nun weltweit eingebauten Luftpumpe (siehe Seite 44), direkt von der linken Nockenwelle angetrieben, noch sauberere Abgase aus, die bei der Verbrennung höherwertigeren Treibstoffes (3.3: 98 ROZ, 3.0: 96 ROZ; jeweils Euro-Versionen) entstehen. Die Zündkerzen deselben Typs wie zuvor sind beim 3.3 mit einem kleineren Elektrodenabstand (0,6 statt 0,7 mm) versehen und werden im 3.3 bei unveränderter Zündfolge von einem links- statt rechtsdrehenden Zündverteiler versorgt.
Auslaßseitig sorgen modifizierte, etwas entschärfte Steuerzeiten für eine kürzere Ventilöffnungszeit sowie eine geringere Überschneidung mit der Einlaßöffnung.
Ein höherer Norm-Öldruck (5 statt 4 bar bei 90 Grad Öltemperatur und 5000/min), erzeugt durch eine neue Ölpumpe mit verbreiterten Pumpenrädern (Druckpumpe 51 statt bisher 43 mm, Rückförderpumpe 80 statt bisher 58 mm), soll

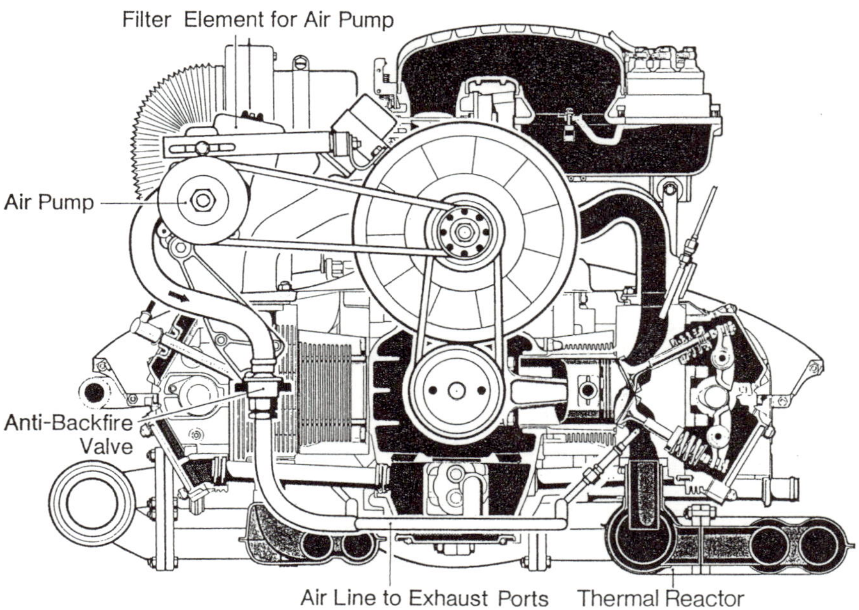

When an automobile engine is running, it uses energy generated through the combustion of a mixture of air and fuel. Depending on whether a car is driven fast or slow or whether the engine is cold or hot, some of the fuel (hydrocarbons) may not be burned completely but be discharged into the engine crankcase or exhaust system. Additional hydrocarbons may enter the atmosphere through evaporation of fuel from the fuel tank. These hydrocarbons released into the air contribute to undesirable pollution.

In addition, carbon monoxide (CO) and oxides of nitrogen (NO_x) contribute to harmful engine emissions. They, too, are formed during combustion and discharged into the exhaust system. To reduce these pollutants all Porsche vehicles are equipped with a special emission control system.

930/61-Schnittbild aus dem turbo-owner's manual des Modelljahrgangs '78: Dargestellt sind die Position der Luftpumpe (Air Pump), des Rückschlagventils (Anti-Backfire Valve). Verwiesen wird auf die Thermalreaktoren (siehe Erläuterungen auf diesen Seiten und auf Seite 44).

bei Höchstbeanspruchung unter klimatisch extremen Bedingungen höhere Reserven garantieren. Porsche spricht von einer um 19 Prozent höheren Förderleistung der Druckpumpe, während die Leistung der Rückförderpumpe gar um 38 Prozent anstieg.

Wie schon beim Dreiliter bot Porsche parallel zum Euro-Modell (930/60) weitere Motorvarianten für in Abgas-Belangen restriktivere Märkte an, sämtlich nicht nur Abgas- sondern gleichermaßen Leistungs-reduziert. Bei derselben Verdichtung (7,0:1) leistete etwa die nunmehr wie in Europa schlicht »turbo« (statt »turbo Carrera«) genannte US-Version (930/61) 261 Netto-hp bei 5500/min (Quelle: owner's manual model '78), also rund die Leistung des Euro-Dreiliters. Geringer fiel beim 930/61 auch das maximale Drehmoment mit 395 Nm statt 412 Nm aus, Nenndrehzahl hier wie da 4000/min. Weiterhin erfolgt die Abgasentgiftung bei den USA-, Californien- und Kanada-Versionen (930/61, 930/63) durch Luftpumpe, Thermal-Reaktoren und Abgasrückführung, bei der Japan-Version (930/62) ergänzt durch einen Grasbrandschutz für die Thermoreaktoren, zur Verhütung unerwünschter Feuerwerke auf turbo-Parkplätzen.

Zur Beherrschung der 3,3 Liter-Leistungsexplosion hielten die Weissacher turbo-Entwickler eine Überarbeitung der hochstrapazierten Kraftübertragung für angeraten. Zwar wurde nach wie vor auf den nach Porsche-Diktion »überflüssigen« fünften Gang verzichtet. Dafür erhielt das neue 930.34-Getriebe gegenüber dem alten 930.33-Getriebe im vierten Gang eine andere Räderpaarung, nämlich 32/20 statt zuvor 32/21 – der Vierte ist also mit 0,625:1 gegenüber zuvor 0,6563:1 geringfügig länger übersetzt.

In der Praxis bedeutet das bei unveränderter Achsübersetzung von 4,222:1 im oberen Gang eine Drehzahlabsenkung bei beispielsweise 200 km/h um rund 400/min auf etwa 4400/min. Die werksseitig angegebene 3,3 Liter-Höchstgeschwindigkeit von 260 km/h wird bei 5750/min erreicht – bei sogar noch etwas niedrigerer Drehzahl also, die der alte Dreiliter für seine Werks-V_{max} von »über 250 km/h« aufwenden mußte. Natürlich bedeutete das insgesamt niedrigere Drehzahl-Niveau des Neuen im Vierten eine abermals reduzierte Geräuschkulisse – wesentliches Streben der Porsche-Ingenieure angesichts weltweit immer niedrigerer Geräusch-Grenzwerte.

Wie das neue Getriebe und das neue, nunmehr mit dem des 928 identische Ausgleichsgetriebe erfuhr für den 3,3-Liter auch die Kupplung eine Verstärkung. Dabei wurde die Druckplatte zugunsten höherer Wärmebelastbarkeit, aber auch im Sinne höheren Schwungmomentes und somit besseren Motor-Rundlaufs um 30 mm höher ausgeführt. Gleichfalls zur Erhöhung des Schwungmomentes stellte Porsche beim Kupplungsgehäuse-Material von Leichtmetall auf Sphäroguß um.

Vom Bemühen um noch mehr Bedienungs- und Geräuschkomfort künden überdies Kupplungs-Modifikationen, die einen noch sanfteren Kraftschluß und eine geringere Übertragung von Getrieberasseln (durch eine von Porsche entwickelte, dämpfende Gumminabe anstelle der zuvor verwendeten mechanischen Feder-Torsionsdämpfer) und leichtere Pedalbedienung (durch eine verbesserte, überdies einstellbare Übertotpunktfeder als Kupplungshilfe) bewirken sollen.

Einen Nachteil brachte die Kupplungs-Überarbeitung freilich mit sich: Die Kraftübertragung baut nun um 30 mm länger, um die das Getriebegehäuse erweitert werden mußte und um die der komplette Motor nach hinten rückte. Die damit verbundene ungünstigere Gewichts-Verteilung auf die Achsen empfahl eine Fahrwerksüberarbeitung. Von 18 mm auf 18,8 mm verdickte Federstäbe vorn sowie modifizierte Werte für Sturz und Vorspur der Hinterräder sind dafür genauso Indizien, wie die deutliche Erhöhung des vorgeschriebenen Reifenluftdrucks an der Hinterachse von zuvor 2,4 auf 3,0 bar.

Freilich galt es nicht allein, in Kurvengrenzbereichen noch besser gerüstet zu sein. Vielmehr sollte insbesondere das Bremspotential – im Prinzip einer der wenigen Dreiliter-Kritikpunkte mancher Extremfahrer unter Test-Journalisten – aufgestockt werden. Die schon beim turbo-Start Ende 1974 avisierte, dann indessen zunächst nicht in Serie gehende Super-Bremsanlage nach 917-Muster machte den 3,3-Liter zu einem der am brutalsten verzögern den Straßen-Sportwagen auf dem Weltmarkt.

Es handelt sich dabei um um eine Anlage mit innenbelüfteten und – zur Reduzierung der Nässeempfindlichkeit – gelochten Bremsscheiben, deren Innenbelüftungskanäle evolventenförmig angeordnet sind (weshalb linke und rechte Scheiben nicht verwechselt werden dürfen). Bremsscheiben und Naben der besonders beanspruchten und

Bereits 1974 für den Dreiliter-turbo avisiert, jedoch erst mit Modell '78 für den 3,3-Liter in Serie eingeführt: nicht nur innenbelüftete, sondern zugunsten rascher Wasserableitung auch gelochte Bremsscheiben.

sich deshalb besonders stark erhitzenden Bremsen sind zur Vermeidung von Spannungs-Rissen durch eine formschlüssige Fingerverzahnung verbunden. Der Bremsscheiben-Außendurchmesser beträgt vorn 304 mm (Dreiliter-Version: 282,5 mm), hinten 309 mm (Dreiliter: 290 mm), die Bremsscheibendicke vorn 32 mm (Dreiliter: 20,5 mm), hinten 28 mm (Dreiliter 20 mm). Rundum zur besseren Hitzeableitung verrippte Leichtmetall-Festsättel (Dreiliter: hinten Grauguß) mit vier Kolben je Sattel (Dreiliter: zwei Kolben) belegen den Bremsen-Aufwand genau so, wie der schon dramatische Zuwachs an wirksamer Bremsbelagsfläche (je Rad) vorn um 18 cm^2 auf 94 cm^2, hinten gar um 41,5 cm^2 auf 94 cm^2. Insgesamt wuchs somit die wirksame Bremsbelagsfläche um über 46 Prozent, nämlich von 257 cm^2 auf 376 cm^2. Der Einbau eines größeren Tandem-Hauptbremszylinders sowie eines größeren Bremskraftverstärkers sind flankierende Maßnahmen der Bremsen-Überarbeitungen mit dem Ziel, den 3,3 Liter-turbo ähnlich frappierend zu verzögern, wie er zu beschleunigen vermag.
Äußerlich ist der 3,3-Liter auf den ersten Blick zu identifizieren – am nochmals ausladenderen Heckspoiler nämlich, der beim neuen Super-turbo nach Carrera RS 2.7, Carrera RS 3.0/turbo 3.0 zu seiner dritten Evolutionsstufe (bei Straßen-Porsche) fand. Die gewaltige, von einer dicken, rundum nach oben weisenden Polyurethanschaum-Lippe umkränzte Flosse hat indessen nicht allein aerodynamische Gründe. Sie mußte vielmehr im Format an den Raumbedarf des horizontal links oberhalb des Kühlluftgebläses angeordneten Ladeluft-Kühlers angepasst werden. Der Kühlluft-Einlaß bildet dabei gegenüber den beiden Einlässen des kleineren Vorgänger-Spoilers einen deutlich größeren, dazuhin mit dem Spoiler-»Tablett« eine plane Fläche darstellenden Grill (vergleiche Fotos auf Seite 58 und auf Seite 35) mit nach vorn gerichteten Luftführungs-Stegen. Eine in den Rahmen des Ladeluftkühlers integrierte Rundum-Gummidichtung bildet bei geschlossenem Heckdeckel zwischen Grill und Kühler einen flexiblen Luftschacht, der die Kühlluft direkt durch den Behr-Luft/Luft-Kühler leitet.
Unverändert blieb gegenüber dem Vorgänger der mattschwarze Kunststoff-Spoiler unter der Frontschürze. Und

Auf den ersten Blick als 3,3-Liter zu identifizieren: großer Heckspoiler und gelochte Bremsscheiben.

Der 3,3 Liter-Heckspoiler: hochgezogene Polyurethan-Lippe, eine plane Fläche bildendes, einteiliges Kühlergitter.

Vorher/Nachher: Gegenüber dem bis 8 000/min zählenden Dreiliter-Drehzahlmesser (links) reicht die Skala des 3,3 Liter-Instruments nur bis 7 000/min bei identischem Rot-Bereich. Auch der Ladedruckmesser beschränkt sich bei einem ordnungsgemäßen Maximaldruck von 0,8 bar auf die notwendige Spanne.

auch im Interieur muß genau hingeschaut werden, soll der letzte Dreiliter-turbo vom ersten 3,3 Liter-turbo unterschieden werden. Ein Blick auf die klassisch-schönen Rundinstrumente gibt Aufklärung. Der weiterhin zentral montierte und im Umfang unter den fünf Rundinstrumenten größte Drehzahlmesser mit integriertem Ladedruckanzeiger etwa wurde unauffällig verändert: Er zeigt nun statt maximal 8000/min (mit der Ziffer 8) nurmehr maximal 7000/min (mit der Ziffer 7)an, wobei das rote Warn-Feld den Bereich zwischen 6700/min und 7000/min abdeckt (beim Dreiliter 6700 bis 7000/min). Weniger zeigt auch der Ladedruckmesser des größeren turbo an, nämlich statt maximal 1,5 bar nurmehr maximal 1 bar, was angesichts des vorgesehenen maximalen Ladedrucks von 0,8 bar nur sinnvoll erscheint.

Weniger hohe Zahlen auf dem Mittelinstrument also – dafür eine respekteischende Zahl auf dem rechts vom Tourenzähler angeordneten Tachometer. Der reicht nämlich nach wie vor bis 300 km/h – willkommene Reserve-Kalibrierung für Rückenwind- und Bergab-Passagen. Wenn dabei je besorgniserregende Öltemperaturen entstehen sollten, so werden diese dem Fahrer im 3,3-Liter nurmehr über ein dreigeteiltes (kalt/normal/zu heiß=roter Bereich) Instrument signalisiert, statt wie im Dreiliter über ein Instrument mit Gradeinteilung (60 – 170 Grad Celsius). Im selben Kombiinstrument mißt der Öldruckmesser im großen turbo nur bis maximal fünf bar, statt bis zehn bar wie im Dreiliter, so daß bei vorschriftsmäßigem Öldruck unter Last der Zeiger (nach Mercedes-Muster und -Brauch) stets ohne Zuckungen am oberen Anschlag stehen muß. Immerhin: Die Zeituhr mißt auch im 3,3-Liter zwölf Stunden, und der Tank ist im hubraumgrößeren turbo nach wie vor bei 4/4 voll.
Identisch bis hin zum dezenten Nadelstreifen-Muster der wahlweise alternativ zur Volleder-Ausstattung lieferbaren Velours-Bezüge blieb beim 3.3 gegenüber dem Vorgänger überdies die Sitzgarnitur. Mehr Geld mußten turbo-Käufer im Falle 3.3 also ausschließlich für die technische Aufwertung ihres Geschoßes bezahlen, das mit nunmehr 1300 Kilogramm Leergewicht gegenüber dem schwächeren Vorgänger (in Euro-Version) nicht nur 105 Kilogramm schwerer geworden war, sondern mit 78 500 Mark (Preisliste vom Juni 1977) auch 8500 Mark teurer. Daß trotz des Mehrpreises die hinteren Seitenfenster nicht mehr zum Aufklappen, sondern fest eingeklebt waren, sei als Wermutstropfen erwähnt – gerade diese zugfreie Entlüftungsmöglichkeit wurde von altgedienten Elfer-Kennern vermißt. Ein halbes Jahr später, mit Preisliste vom 1. Januar 1978, stieg der turbo-Preis durch Erhöhung der Mehrwertsteuer abermals auf nunmehr 79 900 Mark.
Nach wie vor war der turbo damit auch Preis-Spitze im Porsche-Programm. Der Achtzylinder-928 beispielsweise kostete zu jener Zeit mit 58 800 Mark über 20 000 Mark weniger, der 911 SC mit knapp 42 000 Mark nur gut die Hälfte. Deutlich preisgünstiger präsentierte sich auch ein italienischer Hubraum- und Klassen-Konkurrent, der achtzylindrige Ferrari 308 GTB: knapp 60 000 Mark. Selbst ein fast fünf Liter großer Italo-Exote wie der Maserati Khamsin kostete nur rund 5 000 Mark mehr als der turbo-Bolide aus Stuttgart-Zuffenhausen, der weiterhin ausschließlich als Coupé lieferbar war. Wer ihn als Targa wollte, der mußte sich an Tuner wenden, die einen offenen turbo in Preisregionen von Lamborghini Countach oder Ferrari BB, auf jeden Fall jedoch über 100 000 Mark hievten.

Porsche turbo kontra Weltelite

Mit eben solchen Super-Sportwagen verglich »auto motor und sport« im Frühjahr 1978 den neuen Porsche turbo 3.3, er sollte zeigen, was er den »schnellsten Autos der Welt« entgegenzusetzen habe. So hatte er gegen Lamborghini Countach, Ferrari BB 512, Maserati Khamsin und Aston Martin Vantage anzutreten – gegen automobile Pretiosen also, die den Zuffenhausener allesamt im Preis (um rund 5000 bis rund 40 000 Mark) und in der Nennleistung (um 20 bis 80 PS) übertrafen.
Dennoch beschleunigte der Porsche (zusammen mit dem Countach) am schnellsten von null bis 100 km/h, nämlich in nur 5,4 Sekunden. Und auch beim Sprint bis 200 km/h konnte sich der Schnellste aus Deutschland unter den Schnellsten der Welt sehen lassen: Er belegte mit 19,7 Sekunden knapp geschlagen Platz drei hinter Lamborghini (18,7 Sekunden) und Ferrari (19,1 Sekunden). Einzig in der Höchstgeschwindigkeit konnte der turbo 3.3 mit der knapp vier Liter (Lamborghini) bis über 5,3 Liter (Aston Martin) großen Saugmotor-Konkurrenz nicht ganz mithalten – letzter Platz mit 260,9 km/h (der Schnellste, nämlich der Countach, lief 288 km/h schnell).
Gegenüber allen Konkurrenten trumpfte der Porsche freilich mit einer Qualität auf, die den Testern bei den Briten und Italienern bemerkenswert unterentwickelt schien – Originalton: »Seine Zuverlässigkeit und das ... ausgesprochen zivile Verhalten seines Boxermotors im Heck verleihen ihm eine Alltagstauglichkeit, die unter den Schnellsten der Welt einzig dasteht.«

turbo-Jahrgang '79: Nullrunde für den Bläservirtuosen

Als Porsche traditionell im Herbst 1978 sein überarbeitetes Modellprogramm '79 präsentierte, da suchten turbo-Enthusiasten vergeblich nach Hinweisen in Zuffenhausener Verlautbarungen, die Modellpflege auch beim teuersten Straßen-Porsche dokumentierten. Tatsächlich hatten die Porsche-Techniker nach ihrem Gewaltakt des Vorjahres, der zum 3.3 geführt hatte, beim turbo eine Nullrunde eingelegt: Er ging unverändert ins neue Jahr.

Offiziell wurde dies mit der mittlerweile offenkundigen Perfektion des Top-Modells begründet – es sei eben an diesem Auto nichts mehr zu verbessern. Insidern blieb indessen nicht verborgen, daß kein Geringerer als der Porsche-Vorstandsvorsitzende, Professor Ernst Fuhrmann, die turbo-Stagnation verfügt hatte. Alle Weissacher Hirnzellen sollten sich auf das Spitzenmodell der Zukunft konzentrieren, auf den 1977 präsentierten 928, dem eben im Jahr 1979 eine leistungsgesteigerte S-Version zur Seite gestellt wurde.

turbo-Jahrgang '80: Es geht wieder voran

Der turbo-Modelljahrgang '80, im Herbst 1979 präsentiert, sollte die vorläufig letzte turbo-Version sein, die offiziell nach den USA ausgeführt wurde (und die somit in einer speziellen USA-Version entstand). Auch für diese Abstinenz wird heute der damalige Vorstandsvorsitzende verantwortlich gemacht – immerhin sollte der offizielle USA-Stopp beim Modelljahr 1981 einen turbo-Absatzrückgang um über 40 Prozent zur Folge haben (siehe auch Produktionszahlen auf Seite 126).

Trotzdem hatten sich die Weissacher Entwickler ihrem stärksten Stück für den 80er Jahrgang wieder einmal gewidmet – mit kleinen Korrekturen, die teilweise auch dem 911 SC zugute kamen. Dazu zählen beispielsweise die nun auf den Außenseiten zur noch besseren Versteifung mit zusätzlichen Längsrippen versehenen Ventildeckel und die nunmehr mit einem Bund ausgeführte Lagerbuchse für das Schwungrad, bei der Buchse, Nadellager und Dichtring als Komplett-Teil zusammengefasst sind. Porsche nennt als Begründung für die Modifikation fertigungstechnische Vereinfachung.

Gleichfalls Merkmal des 80er Jahrgangs bei turbo und 911 SC ist der neue Bugölkühler (anstelle der bisher verwendeten Ölkühlschlange), im vorderen rechten Radkasten montiert, und eine Motorraumleuchte, die sich manuell bei brennendem Standlicht einschalten läßt. Falls eine Klimaanlage geordert wird, liefert diese nunmehr die japanische Firma Nippondenso (die auch die Luftpumpen zur Abgasreinigung produziert). Alle Porsche-Modelle vom 924 bis zum 911 turbo erhalten somit fortan aus Rationalisierungsgründen wahlweise eine baugleiche Kälteanlage. Mit dem selben Motiv verwendet Porsche nunmehr einheitlich in allen Modellen baugleiche Sicherheitsgurt-Anlagen, was für den turbo mit dem neuen Jahrgang ein geringfügig anderes Band fürs Leben bedeutet.

Für den neuen Jahrgang ging allerdings auch turbo-spezifisches verändert in Serie. Dazu zählt die neue Abgasanlage mit Doppelendrohr, die den ohnehin nicht lauten Superrenner noch leiser macht: Porsche gibt eine Verringerung der Maximalgeräuschemission um immerhin drei dBA an (nunmehr 79 dBA) und verweist ausdrücklich darauf, daß die neue Flüstertüte keine Leistung kostet.

Überzeugen können sich turbo-Fahrer von dieser Behauptung am neu eingeteilten turbo-Tachometer, der nunmehr alle 20 km/h einen Teilstrich aufweist und statt den Zahlen 50, 100, 150, 200, 250 und 300 jetzt die Werte 20, 60, 100, 140, 180, 220, 260 und 300 in großen Ziffern, dazwischen die Werte 40, 80, 120, 200, 240 und 280 in kleineren Zahlen nennt (an Stelle der 160 blinkt im Fall des Falles die Blinker-Kontrolleuchte).

Künftig noch leiser: Mit turbo-Modelljahrgang '80 geht eine neue Abgasanlage in Serie, deren äußerlich sichtbares Merkmal das Doppelendrohr ist.

Ab Modelljahrgang '80 mehr Zahlen auf dem Tachometer (links Version bis Modell '79, rechts Nachfolger-Instrument).

turbo-Jahrgang '81: Rationalisierung mit Methode

Auch das teuerste Porsche-Modell kann nicht in allen Details seinen exklusiven Status mit Spezial-Komponenten dokumentieren. So es der Funktion nicht abträglich ist, spricht nichts dagegen, zum Zwecke der Rationalisierung und somit zur Kosteneinsparung Teile minderer Modelle zu verwenden – der turbo erhielt deswegen Ende 1980 für den Modelljahrgang '81 gar ein 924-Teil. Gemeint ist die Benzinpumpe EK P4 mit auswechselbarem Druckhalteventil. Zugleich stellte Porsche bei den Modellen turbo und 911 SC beim Kraftstoff-Filter auf ein 928-Teil um.

Damit nicht genug der Neuerungen im Bereich der Kraftstoff-Versorgung: Ein neuer Benzinspeicher mit 100 Prozent größerem Volumen (40 cm^3 statt zuvor 20 cm^3) soll gewährleisten, daß bei abgestelltem Motor der Restdruck im System über einen längeren Zeitraum als bisher aufrecht erhalten bleibt.

Selbst um die turbo-typische Bremsanlage kümmerten sich die Zuffenhausener Rationalisierungs-Spezialisten: Ab Modell '81 erfuhren deshalb die Vorderradbremsen Modifikationen mit dem Ziel der Teileersparnis. So wurde die Verbindung von Bremsscheibe zur Nabe insofern geändert, als anstelle der bisherigen Verbindung mit Flansch und Ring nach dem Muster des normalen 911 eine Bremsscheibentopf-Verbindung zum Einsatz kam. Durch die Gestaltung der neuen Bremsscheiben mit dem nach außen zeigenden, topfförmigen Kragen wuchs das Gesamtmaß des Komplett-Bauteils (Scheibe und Nabe) um jene 21 Millimeter, die zuvor durch eine Distanzscheibe realisiert wurden. Die vorderen Distanzscheiben konnten dadurch genauso entfallen, wie die zuvor zur Scheibenmontage benötigten Bremsflansche an den Scheiben-Außenseiten, die Konterringe an den Innenseiten und diverse M 6-Schrauben mit Sicherungsblechen – auch Kleinvieh erfreut bei der Kosten-Kalkulation den Mann mit dem Rotstift.

Doch nicht nur, wer dem neuen turbo unters Blech schaut, kann ihn vom 80er Jahrgang unterscheiden. Vielmehr genügt ein Blick in die Blechbereiche zwischen Türen und vorderen Radausschnitten: Dort prangen nunmehr Seitenblinkleuchten (die übrigens Änderungen der Ölrohrführung zum Frontölkühler und eine veränderte Einbaulage der elektrischen Antenne erzwangen). Die Neuigkeiten auf dem Elektriksektor umfassen überdies eine nunmehr serienmäßige Nebelschlußleuchte und neue, durchweg beleuchtete Schaltersymbole am Armaturenbrett.

Äußerliche Änderung zum Modelljahrgang '81: rechteckige Seitenblinkwarzen vor den Türausschnitten.

Wichtiger als solche Kleinigkeiten ist indessen die mit Modell '81 von Porsche eingeführte Langzeit-Garantie von sieben Jahren gegen Durchrostung der Karosserie. Der Porsche-Kunde geht dabei keinerlei Nachbehandlungspflichten ein. Er verpflichtet sich lediglich zur »sachgerechten Pflege« und dazu, eventuelle Beschädigungen »unverzüglich fachmännisch ausbessern« zu lassen. Das gilt natürlich insbesondere bei Unfallschäden.

Noch schwerwiegender als die Garantieerweiterung für Euro-Kunden erwies sich freilich eine weitere Entscheidung des Porsche-Managements für US-Kunden: Ab Modell '81, somit ab Ende 1980, lieferte Porsche offiziell keine turbos mehr in die Vereinigten Staaten. Auch daran war der Rotstift schuld – und das Streben des damaligen Porsche-Chefs, die seiner Meinung nach nicht mehr zeitgemäße Elfer-Reihe auslaufen zu lassen. In den USA (und in Japan) griffen

Im turbo-Cockpit sind ab Modelljahrgang '81 alle Schaltersymbole beleuchtet.

nämlich Anfang der 80er Jahre nochmals verschärfte Abgas-Vorschriften, deren Einhaltung erklecklicher Investitionen bedurft hätte. Die konzentrierten sich nun auf die Frontmotor-Modelle und auf den Volumen-Heckmotortyp, den 911 SC.

Und noch ein Ereignis des Modelljahrgangs '81 sollte das Schicksal des Porsche turbo (aber auch des normalen Elfers) nachhaltig beeinflußen: Ende 1980 trat jener Mann, der die Entwicklung der Zuffenhausener Heckmotor-Modelle nachhaltig gehemmt hatte, zurück – Professor Ernst Fuhrmann, dessen Name seit frühen Stuttgarter 356-Zeiten eng mit dem Namen Porsche verbunden war, nahm seinen Abschied. Der ab Januar 1981 amtierende neue Vorstandsvorsitzende Peter W. Schutz hingegen setzte wieder verstärkt auf die Traditions-Porsche: Er beauftragte Fritz Bezner mit der Weiterentwicklung von Saug- und turbo-911 und stockte den Entwicklungs-Etat für diese Modelle auf – Porsche-Intimus Paul Frère: »1982 war der Entwicklungs-Etat für den Elfer größer als für jeden anderen Porsche-Typ.« Die Zukunft sah für Porsche-Traditionalisten, für die Gußeisernen, wieder rosig aus.

VDO
PORSCHE

◁
IAA Frankfurt 1981: Neben den Porsche-Modellen '82 steht eine faszinierende turbo-Studie – mit Vierradantrieb und als Vollcabriolet.

turbo-Jahrgang '82: Paukenschlag zum Auftakt einer neuen Elfer-Ära

Was Porsche-Freunden auf der IAA '81 zusammen mit den Modellen '82 präsentiert wurde, ließ Vorfreuden keimen: Der Elfer war wieder wer, nicht an den Rand gerücktes Ausstellungs-Fossil, sondern Mittelpunkt. Dafür sorgte ein turbo-Prototyp, der in Kombination all' das vorwegnahm, was Porsche mit dem altgedienten Elfer in Zukunft plante: Dieser turbo hatte Allradantrieb, und er hatte ein Cabriodach, das sich wie in alten 356-Zeiten vollständig und ohne Hinterlassung eines störenden Bügels hinter den Notsitzen versenken ließ.

Zwar sollte der Vierradantrieb dem Ur-turbo auch in Zukunft nicht zugute kommen (er blieb zunächst dem Ultramodell 959 vorbehalten), und auch die Cabrio-Version mit turbo-Technik sollte noch lange auf sich warten lassen (sie kam wenig später ausschließlich beim 911 SC) – doch die Studie der Möglichkeiten zeigte Flagge: Porsche hatte 1981 noch viel vor mit dem 1963 präsentierten Porsche 911.

Beim turbo manifestierte sich der frische Wind mit Modell '82 ganz konkret in Modifikationen der Klimaanlagen-Funk-

Die Heckspoiler-lose Cabrio-Studie war rollendes Manifest einer geänderten Einstellung des Hauses Porsche zum altgedienten Elfer…

...Dieser Typ hatte wieder Zukunft – das Cabrio kam wenig später in Saugerversion, der Vierradantrieb erst 1986 im Kleinstserientyp 959.

Ab Jahrgang '82 mehr Klarheit bei der Interpretation des Ölthermometers: Das neue Instrument (rechts) hat gegenüber der Vorgänger-Version (daneben) im Normalbereich zwei Teilstriche, deren unterer 90 Grad Celsius signalisiert.

tion. Konnte gekühlte Luft bislang nur via Mittel- und Seitendüsen ins Cockpit gelangen, so blies fortan Kaltluft auch aus den Fußraumdüsen. Wer bislang zur Klimaanlage die Heizung zuschaltete, mußte mit Warmluft ausschließlich aus den Defrosterdüsen (vor der Windschutzscheibe) vorliebnehmen – ab Modell '82 tritt Warmluft zusätzlich an den Seiten- und Fußraumdüsen aus, was ein deutlich bekömmlicheres Innenraum-Klima erzeugt.

Zur einwandfreien Bedienung der Elfer-Klimaanlage und Heizung bedarf es jedoch nach wie vor eingehender Studien der Betriebsanleitung – Porsche-Neulinge pflegen sich mit erzeugtem Klimachaos im Elfer- und turbo-Cockpit zu verraten. Diese Schwäche ihrer Heizeinrichtung waren sich offensichtlich auch die Porsche-Mannen bewußt: Mit etwas eindeutigerer Kennzeichnung der entsprechenden Bedienungshebel bemühten sie sich um mehr Klarheit auf den ersten Blick.

Dafür soll auch das neu gezeichnete Ölthermometer sorgen, das zwar nach wie vor auf bezifferte Temperatur-Angaben verzichtet, mit Hilfe der Betriebsanleitung jedoch eindeutige Rückschlüsse auf das thermische Befinden des Schmierstoffes zuläßt. So wurden im Normalbereich zwei Skalen-Teilstriche eingefügt (siehe Abbildungen auf gegenüberliegender Seite), deren unterer gemäß dem Handbuch eine Öltemperatur von 90 Grad Celsius signalisiert, von Porsche als »Betriebstemperatur« bezeichnet. Wer hingegen das alte Instrument interpretieren wollte, den ließ die Pauschalerläuterung der 81er Anleitung im Stich: »Betriebstemperatur (d. h. uneingeschränkter Fahrbetrieb) ist dann möglich, wenn sich der Zeiger in der oberen Hälfte des weiß umrandeten Feldes und des darüber liegenden weißen Bogens befindet.«

Und was ist sonst noch neu beim neuen turbo-Jahrgang? Die Drehstromlichtmaschine leistet fortan statt 980 Watt

turbo-Erbe für den Saug-911: Ab Modelljahr '82 gibt's einen modifizierten turbo-Heckflügel ab Werk und gegen Aufpreis auch für den normalen Porsche 911 (das Foto zeigt einen 84er Carrera).

1050 Watt. Und wer seinen turbo durch einen Dachgepäckträger verunstalten will, der darf diesen ab Modell '82 mit stattlichen 75 Kilogramm (bisher 35 kg) belasten.
Interessantes Detail am Rande: Ab diesem Modelljahr kann der Saug-911 erstmals ab Werk gegen Aufpreis mit dem modifizierten Geflügel des alten turbo 3.0 aufgerüstet werden – Aufpreis 2 500 Mark. Und auch für den turbo gibt's ein neues Extra: nämlich die Diebstahlsicherung für die Leichtmetallräder für 95 Mark.
Doch nicht nur sicherheitsbewußte turbo-Kunden sollen 1982 auf ihre Kosten kommen, sondern auch Rennsportorientierte. In diesem Jahr bietet nämlich Porsche erstmals eine rennfertige Gruppe B-Version des Typs 930 an, durch etwas erhöhte Verdichtung, geringfügig höheren Ladedruck, kompromißlosere Nockenwellen und einen größeren Ladeluftkühler um 65 PS erstarkt und rennfertig rund 150 000 Mark teuer.

turbo-Jahrgang '83: nach Grundüberholung sparsamer, ungiftiger

Die neue Motoren-Kennziffer des neuen Jahrgangs deutet es an: 930/66 statt bislang 930/60 läßt auf tiefgreifendere Maßnahmen schließen. Tatsächlich hatten sich die Porsche-Techniker erstmals ihres 3,3 Liter-turbos eingehender angenommen – die Ziele: besseres Warmlaufverhalten, bessere Gasannahme, geringerer Verbrauch, mehr Drehmoment, weniger Geräusch.
Das erste Ziel wurde durch einen neuen Bosch-Warmlaufregler mit verlängerter Aufheizzeit und verringertem »kalt«-Steuerdruck angestrebt. Zur besseren Gasannahme trägt bei der K-Jetronic ein neuer Mengenteiler mit Kapselventil bei, dessen Vorteile im Vergleich zum vorher verwendeten Teil die technische Beschreibung so darlegt: »Im Kraftstoffmengenteiler der bisherigen Ausführung befindet sich zwischen dem Raum über dem Steuerkolben und der Steuerdruckleitung eine Drosselbohrung. Sie hat die Aufgabe, die Stauscheibenbewegung des Luftmengenmessers bei pulsierender Strömung, wie sie bei niederer Drehzahl und hoher Last vorkommt, zu dämpfen. Außerdem bestimmt die Drossel den Überschwingvorgang der Stauscheibe und damit die Übergangsanreicherung beim Beschleunigen. Im neuen Mengenteiler wird nun ein federbelastetes Kapselventil eingebaut, das eine Erweiterung des Überschwingungsvorgangs der Stauscheibe beim raschen Beschleunigen ermöglicht. Wird die Drosselklappe plötzlich weit geöffnet, so überschwingt die Stauscheibe, das Kapselventil wird dabei als komplette Einheit von seinem Sitz angehoben. Durch die Raumvergrößerung auf der Oberseite des Steuerkolbens kann dieser leichter der Stauscheibenbewegung folgen, es erfolgt eine Gemischanreicherung.«
Doch damit nicht genug der Arbeiten an der Gemischaufbereitung. Vielmehr sorgt eine modifizierte Zündanlage unter wechselnden Bedingungen für eine effizientere, somit ökonomischere Verbrennung und für eine Absenkung der Leerlaufdrehzahl auf 900/min. So erhielt der neue Bosch-Zündverteiler eine Doppelunterdruckdose mit 5 Grad Kurbelwinkel Früh- und 15 Grad Kurbelwinkel Spätverstellung. Dabei verläuft der Unterdruckschlauch von der Frühdose zu einem im Entlüfterdeckel des Kurbelgehäuses eingesetzten Thermoschalter, der ab einer Motortemperatur von 55 bis 61 Grad Celsius öffnet (und bei 45 bis 51 Grad schließt), dann weiter zum neu gestalteten Drosselklappengehäuse.
Ist der Thermoschalter am Kurbelgehäuse geöffnet, wird der Saugrohrunterdruck an der Zündverteiler-Frühdose wirksam, wodurch der Zündzeitpunkt bei Teillast um fünf Grad Kurbelwinkel in Richtung früh verstellt wird, wodurch die wirksame Spätverstellung um diese fünf Grad auf nurmehr zehn Grad reduziert wird. Bei geschlossenem Thermoschalter hingegen bleibt die gesamte Spätverstellung aus Abgasgründen erhalten.
Relativ kleine Ursache, große Wirkung: Stolz konnte die Porsche-Presseabteilung zum Modelljahr '83 eine drastische Reduzierung der DIN-Verbrauchswerte bei Stadtfahrt und höheren Geschwindigkeiten vermelden (in Klammern jeweils die Werte des 930/60-Motors) – lediglich der 90 km/h-Wert hatte sich verschlechtert:

Verbrauch bei	90 km/h	9,7 L/100 km	(8,1 L/100 km)
	120 km/h	11,8 L/100 km	(15,3 L/100 km)
	Stadtfahrt	15,5 L/100 km	(20,0 L/100 km)

Mit turbo-Modelljahr '83 kommt ein stark überarbeiteter turbo-Motor, Kennziffer 930/66. Äußerlich ist er auf den ersten Blick am separaten Mini-Schalldämpfer für den Bypass-Abgasausgang zu erkennen.

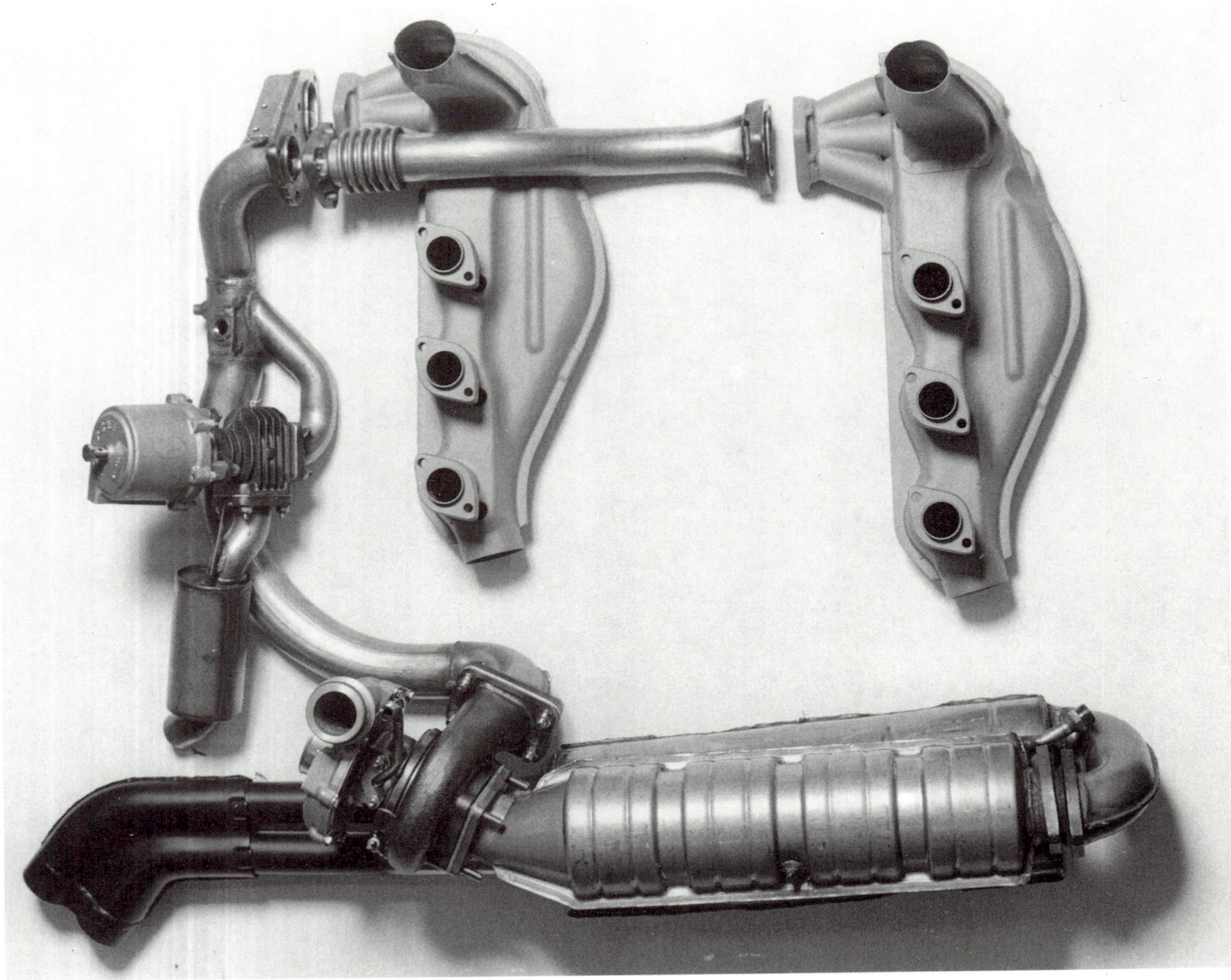

Die neue Abgasanlage des Motortyps 930/66 solo: Deutlich ist zu sehen, daß vom Bypassventil Abgas nicht mehr in den Hauptschalldämpfer geführt wird.

Sparsamer, aber auch noch leiser – so jedenfalls lauteten die Entwicklungs-Maxime bei der Vorbereitung des Modelljahrgangs '83. Ein neuer Hauptschalldämpfer und eine modifizierte Bypass-Abgasleitung trägt der zweiten Forderung Rechnung. So erhielt ab Modell '83 das Ladedruckregelventil einen separaten kleinen Abgasschalldämpfer mit eigenem Austrittsrohr. Die bisherige Bypass-Abgasleitung zum Hauptschalldämpfer entfällt dadurch, die Geräuschentwicklung konnte abermals etwas gesenkt werden, und das ohne Leistungsverlust – im Gegenteil. Tatsächlich wuchtet der neue 930/66 mit 430 Nm bei unverändert 4000/min sogar noch 18 Nm mehr auf seine Kurbelwelle. Allerdings wirkten sich die Triebwerks-Modifikationen auch drastisch auf dessen Trockengewicht aus: 930/66 wiegt stattliche 253 kg, nochmals 23 kg mehr als der 930/60.

Auch die turbo-Ausstattung wurde zum neuen Jahrgang maßvoll überarbeitet. So kommen ab Modell '83 zwei Zusatzgebläse in den Heizschächten des Fußraums vorn links und rechts zum Einsatz. Sie können über einen links der Klimabedienhebel angeordneten Drehschalter dreistufig zugeschaltet werden. Da dieser Vorgang das Bordnetz stark belastet, bewirkt ein Elektroluftventil bei eingeschalteten Gebläsen automatisch eine Anhebung der Leerlaufdrehzahl um rund 150/min. Da sich die Heizungsautomatik als zuverlässig erwiesen hatte, glaubten die Porsche-Klimatologen, mit Modell '83 auf den Not-Heizungshebel vor der Einstelldrehscheibe zwischen den Sitzen verzichten zu können. In diesem Zusammenhang wurde der Handbremslagerbock neu gestaltet. Neu ist überdies der Einbau manueller Sicherheitsgurte für die Notsitze. Und statt der Einsteck-Abschleppöse kommt fortan wie beim 928 eine Einschraub-Öse zum Einsatz. Technische Modifikationen beschränken sich ansonsten auf Schweiz-Fahrzeuge (mit 24:30 gegenüber zuvor 23:30 längerer zweiter Gang) und auf die wenigen nach den USA ausgelieferten turbos, die ab Modell '83 in der Höheneinstellung und in den Radstellwerten der Euroversion entsprechen.
Optisch lassen sich 83er Modelle im übrigen am serienmäßig eingebauten Radiotyp (jetzt für Deutschland Blaupunkt Köln) und unter Umständen an neuen Lackfarben identifizieren. Neu zur Auswahl stehen nun »gletscherblau« als Normallack, sowie die Metallic-Lacke »rauchquarzmetallic«, »rubinrotmetallic«, »ziegelrotmetallic«, »schieferblaumetallic« und »hellbronzemetallic«.

turbo-Jahrgang '84: altes Leiden endlich kuriert

Wer Porsche-Spezialisten zu typischen Elfer- und turbo-Schwachstellen befragte, der erntete meist die Antwort: »keine!« – und dann nach einer Kunstpause: »höchstens die Kettenspanner...« Tatsächlich hatte sich dieses Bauteil, ein ölgefüllter Zylinder, in dem eine Feder über einen Kolben die Nockenwellen-Antriebsketten unter Spannung hält, immer wieder als Problemkomponente herausgestellt. Konnte nämlich das Öl aus dem Zylinder irgendwie entweichen, erfuhr der von den bewegten Ketten zum Pulsieren gebrachte Kolben keine genügende Dämpfung mehr, wie bei einem lecken Radaufhängungs-Stoßdämpfer gerieten die Schwingungen außer Kontrolle, die Ketten begannen ungedämpft zu schwingen und sprangen im Extremfall an den Zahnkränzen über.
Erfahrene Porsche-Lenker hörten einem Motor zwar einen maladen Kettenspanner in bestimmten Drehzahlbereichen an, ehe Katastrophen in Gestalt wildgewordener Ventilsteuerzeiten ausbrachen – unerfahrene Lenker hingegen sahen sich manchmal mit häßlichen Ventileinschlägen in den Kolben konfrontiert.
Mit Einführung des neuen 3,2-Liters für den neuen 911 Carrera wurde das Kettenspanner-Problem endgültig ad acta gelegt – auch für den 3,3 Liter-turbo. Dafür sorgte eine Integration des Kettenspanner-Zylinders in das Drucksystem des Triebwerkes, wobei Öl von den Zuleitungen zu den Nockenwellen-Gehäusen abgezweigt wird (siehe Abbildung auf der folgenden Seite). Nach dem Motorenstart fließt so Öl in eine Vorratskammer des Kettenspanners, von wo es über ein ab 0,2 bar öffnendes Kugelventil in die Arbeitskammer unterhalb des Kolbens gelangt. Federdruck plus Öldruck bewirken nun ein kontrolliertes Kettenspannen durch den in Richtung Kette gepressten Kolben. Der Kettengegendruck wiederum wird durch das Ölpolster im Arbeitszylinder wirksam gedämpft.
Tatsächlich sollte sich dieses System als weit zuverlässiger erweisen, als der alte, im Ölhaushalt autarke Spanner – die Heckmotor-Porsche wurden noch zuverlässiger, noch anspruchsloser, noch alltagstauglicher und wartungsunempfindlicher. Weniger Kontrolle erforderte ab Modell '84 überdies die Bremsanlage – dafür sorgt die neu eingeführte Bremsbelags-Verschleißanzeige am Armaturenbrett. Diese Warnlampe erhält Befehle über an den innseitigen Bremsbelägen installierte Kontakte, die hintereinander geschaltet einen Stromkreis bilden, der in der Kontrolleuchte beginnt und endet. Ab einer bestimmten Minimal-Belagsstärke wird der Leuchten-Kreis kurzgeschlossen, die Warnlampe, über dem Radio in einer Einheit mit der Handbremskontroll-Leuchte und dem Sicherheitsgurt-Mahner untergebracht, gibt Signal.

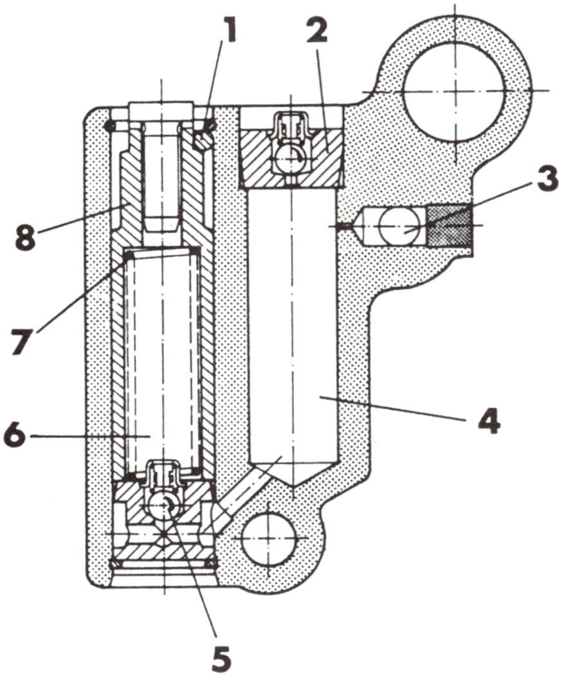

Zeichnung oben:
Der neue Kettenspanner führte ab Modelljahr '84 zu noch größerer Porsche-Zuverlässigkeit – hier eine Aufbauskizze. Dabei bedeutet 1 = Sicherungshalter (wird nach der Kettenspanner-Montage entfernt), 2 = Druckregelventil (0,6 bar), 3 = Ölzuleitung, 4 = Ölreservoir, 5 = Kugelventil (0,2 bar), 6 = Arbeitskammer, 7 = Feder, 8 = Kolben.

Ab Modelljahrgang '84 stehen die Nebelscheinwerfer unter der Frontstoßstange nicht frei, ihre Gehäuse sind nunmehr in die Frontschürze integriert.

Die sonstige 84er-Modellpflege beschränkte sich auf Kleinigkeiten: Verstärkung der Lichtmaschine von 75 auf 92 Ampère, Einführung eines Makeup-Spiegels auch in der Fahrer-Sonnenblende und in den Frontspoiler integrierte Nebelscheinwerfer, die Räderdiebstahlsicherung gehört nun zur serienmäßigen Ausstattung.

turbo-Jahrgang '85: die Richtung ist klar – noch mehr Luxus

Die turbo-Nachfrage hatte in den vergangenen zwei, drei Jahren einen deutlichen Knick nach unten erfahren, nicht allein verursacht durch die US-Abstinenz. 1984 hatten weltweit nur rund 760 turbos Käufer gefunden – in den Anfangsjahren des 3,3-Liters waren es stets weit über 1200 gewesen. Porsche trat die Flucht nach vorn an – zunächst mit liebevoller Detailarbeit mit ausgeprägten Luxusambitionen, künftig aber auch mit einer Rückeroberung des amerikanischen Marktes für den turbo. Letzteres sollte erst mit Modelljahr '86 greifen – widmen wir uns deshalb zunächst den umfangreichen Änderungen für den 85er Jahrgang, traditionell im Herbst des Vorjahres in Serie gehend.
Zu den im wahrsten Sinne des Wortes spürbarsten Änderungen gehört da die Einführung einer neuen Sitzgeneration, die sich von den Vorgängern in diesen Details unterscheidet:

- um 40 mm höhere Kopfstütze (nach wie in Lehne integriert),
- Lehnenentriegelungs-Hebel an beiden Lehnenseiten,
- veränderter innerer Aufbau und stabilere Konstruktion,
- Sechspunktbefestigung an der Bodengruppe,
- modifizierte, handlichere Verstellgriffe,
- Einbaumöglichkeit von Sitzheizungen als Option.

Drei Sitzvarianten verbaute Porsche fortan, wobei turbo-Käufer serienmäßig in den Genuß des sogenannten Komfort-Sitzes kamen, bei dem sich die Sitzhöhe unabhängig vorn und hinten, die Längsverstellung sowie die Lehnenneigung elektrisch über zwei außen vorn an den Sitzen angeordnete Multifunktions-Druckknöpfe manipulieren lassen.

Mit Modelljahrgang '85 modifizierte Porsche das turbo-Cockpit tiefgreifend (großes Foto – vergleiche mit kleinem Foto der Vorgänger-Ausführung): völlig neue Sitze mit höherer Kopfstütze und nach oben gerücktem Entriegelungshebel; neues Vierspeichen-Lenkrad.

Auf Wunsch und ohne Aufpreis konnten turbo-Freunde auch sogenannte Sportsitze ordern, die sich durch stärkere Sitzflanken-Aufpolsterung auszeichnen und somit bei etwas wenig kommodem Einstiegskomfort deutlich mehr Seitenhalt bieten. Gegenüber Komfortsitzern müssen Sportsitzer allerdings auf die elektrische Längs- und Rückenlehnenverstellung verzichten. Beides ist hier manuell zu bewerkstelligen, nurmehr die Sitzhöhenverstellung übernehmen Elektromotoren, wobei der Höhenspielraum wie beim Komfortsitz vorn und hinten jeweils 40 mm beträgt.

Mehr Luxus im Top-Porsche – dazu tragen der nunmehr serienmäßige Einbau der Klimaanlage und der elektrischen Zentralverriegelung genauso bei, wie kleinere Identifizierungs-Details des neuen Jahrgangs: etwa die Lederman-

Ab turbo-Modell '85 kostet die Klimaanlage (dessen Kompressor im Motorraum rechts zu sehen ist) keinen Aufpreis mehr.

Detailpflege auch im Kleinen: Ab Modell '85 trägt der Schalthebel statt der Gummi-Ziehharmonika eine Ledermanschette.

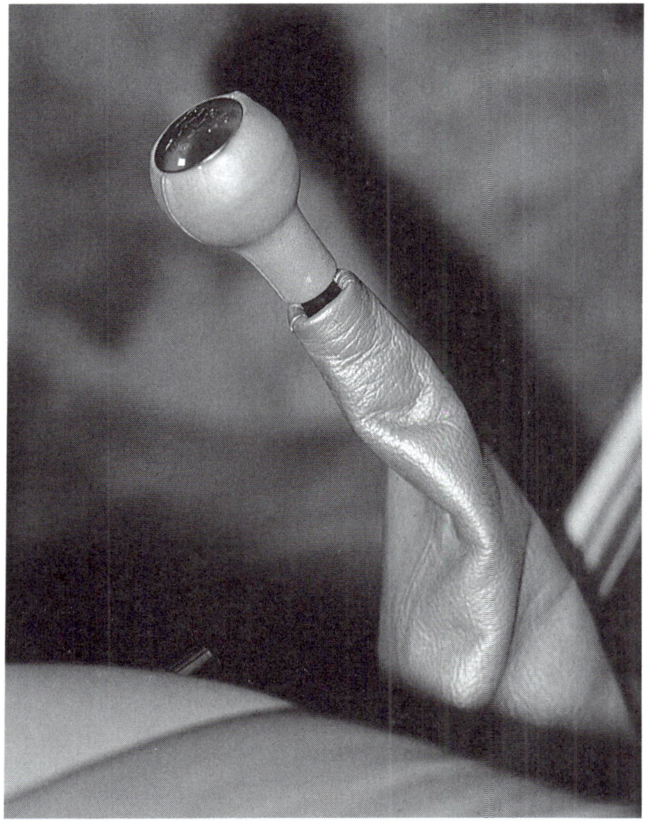

schette für den Schalthebel, die neue, zugleich als Handschuhfachbeleuchtung fungierende Innenleuchte am Armaturenbrett, Lederbezüge für Innentürgriffe und Türkartentaschen, das neue, lederbezogene Vierspeichenlenkrad, eine abermals erweiterte Farbpalette und die unauffällig in die Windschutzscheibe integrierte Antenne.
Doch bei allem Sinnen über Komfort-Accessoires vergaßen die Porsche-Techniker funktionelle Änderungen keineswegs. Davon zeugen die nunmehr beheizbaren Waschwasser-Düsen für die Scheibenwaschanlage genauso, wie die funktionellere, vom (911) Cabrio ins Coupé übernommene Notsitz-Verriegelung mittels Druckknopf.
Auch beim turbo-Fahrwerk schien den Weissachern abermaliges Nachdenken notwendig. Um die Seitenneigung zu reduzieren, kommen deshalb ab Modell '85 vorn und hinten um jeweils zwei Millimeter auf 22 bzw. 20 mm verdickte Querstabilisatoren zum Einsatz. Und ein neuer, größerer Bremskraftverstärker verringerte die aufzuwendende Kraft am Bremspedal um 80 N auf nunmehr 220 N.
Weiter erwähnenswert: Änderungen bei der Tankanlage erlaubten eine Erweiterung des Reservoirs um fünf auf 85 Liter. Und ein neuer Frontölkühler – nach wie vor im rechten vorderen Radhaus untergebracht – reduziert in Verbindung mit einem größeren Luftzutritt unterhalb der Stoßstange (oberhalb des rechten Nebelscheinwerfers) die Öltemperatur bei Vollast gegenüber der Vorgänger-Version um immerhin 20 Grad Celsius.
Natürlich wirkten sich all' diese Änderungen, insbesondere die Komfort-orientierten, auf das turbo-Leergewicht aus: Er legte nochmals zu, gegenüber dem Vorgänger um immerhin 35 Kilogramm. Mit nunmehr 1335 Kilogramm Leergewicht brachte der 85er turbo somit nach Werksangaben stattliche 195 Kilogramm mehr auf die Waage, als der erste turbo des Modelljahrgangs 1975.

turbo-Jahrgang '86: fahren auf großem Fuß – und back to the USA

Ende 1985 erfolgte beim turbo die zweite, die endgültige Reifen-Aufrüstung: Felgen- und Reifen-Breiten nahmen an der Hinterhand um ein Zoll (Felgen) bzw. 20 Millimeter zu, so daß der turbo des 86er Jahrgangs – optisch signifikant – hinten 245/45-bereift daherrollt. Um das Aquaplaning-Risiko nicht weiter zu erhöhen, wurde die vordere Felgen/Reifen-Kombination (7J/205/55) beibehalten. Doch mehr noch als zuvor sahen sich die turbo-Piloten einem turbo-typischen Phänomen ausgesetzt: Aquaplaning an der Hinterachse nämlich, hervorgerufen durch die Tatsache, daß beim turbo die in deutlich schmalerer Spurweite einherrollenden Vorderräder den Hinterrädern keine Wassergasse freischaufeln können. So nimmt es nicht wunder, daß turbos bei heftigem Regen stets langsamer unterwegs sind, als weniger exklusive Verkehrsteilnehmer.
Als Begründung für die neuerliche Modifikation gab Porsche

Doppelseite:
Rollt ab Modell '86 hinten auf noch breiterem Gummi: Statt des bisherigen Formates 225/50–16 auf acht Zoll breiten Felgen ist es nun das Format 245/45–16 auf Neunzöllern.

das Streben nach noch höheren Kurvengrenzgeschwindigkeiten, somit nach noch höherer Fahrsicherheit im Normalbetrieb an. Nicht ganz auszuschließen sind indessen auch modische Tendenzen, die Mitte der 80er Jahre Superbreitreifen als Must für Supersportwagen diktierten. Und optisch stehen die üppigen Gummis dem turbo zweifelsohne bemerkenswert gut.

In der Tat: Ein Porsche turbo war immer noch (oder wieder) en vogue unter den Oberklasse-Sportwagenfreunden der Welt. Dafür sind die bereits 1985 wieder steil nach oben reichenden Produktionszahlen deutliches Indiz. Mit Modelljahr '86 sollte ein weitere Nachfrageschub eingeleitet werden – diesmal wieder auf traditionellem Porsche-Terrain: nämlich in den USA. Zu diesem Zweck hatten die Weissacher Techniker eine turbo-Variante mit Kennziffer 930/68 entwickelt, die dank Lambdasonden-geregelter Einspritzung und Dreiweg-Katalysator sämtliche amerikanischen Abgas-Vorschriften mit Glanz erfüllte, ohne in der Leistung dramatisch abzufallen.

Die Lambda-Sonde mißt, vor dem Turbolader im Auspuff

S HW 4297

installiert, die Sauerstoffmenge im Abgas, die wiederum zur Steuerung der für ein einwandfreies Funktionieren des Katalysators notwendigen Einspritzmenge maßgeblich ist. Ergänzt wird der Dreiweg-Kat um die bei den bisherigen US-Versionen bereits verwendete Luftpumpe zur Frischluft-Einblasung ins Auspuffsystem. Die Drehzahlbegrenzung auf 7000/min erfolgt beim 930/68 über ein Abschalten der Benzinpumpe (beim 930/66 über einen Zündungsabsteller), um zu verhindern, daß unverbrannter Treibstoff Katalysator-schädigend ins Abgassystem gelangt.
Bei mit der Basisversion 930/66 identischer Verdichtung von 7,0:1 leistet 930/68 lediglich 18 PS weniger, nämlich 282 PS bei 5500/min. Relativ stärker litt das maximal verfügbare Drehmoment unter der Entgiftungskur: Statt 430 Nm stemmt der bleifreies 96 ROZ-Benzin konsumierende US-turbo lediglich 390 Nm bei hier wie da 4000/min. Das Motorgewicht nahm durch die Entgiftungs-Apparatur um zehn Kilogramm zu: 930/68 wiegt trocken statt der mittlerweile vom 930/66 erreichten 269 Kilogramm 279 Kilogramm. Das im Leergewicht nach Werksangaben mit 1350 Kilogramm gegenüber dem Basismodell um 15 Kilogramm schwerere US-Modell rennt nach Werksangaben mit 253 km/h gerade sieben km/h langsamer und beschleunigt – zumindest im US-relevanten unteren Geschwindigkeitsbereich – nur marginal schlapper: 0 bis 100 km/h in 5,5 Sekunden statt in 5,4.
Allen turbo-Varianten kamen im übrigen weitere, kleinere Modellpflegemaßnahmen zugute: die um 20 mm tieferge-

Mehr Luft ab Modell '86: An den äußeren Enden des Armaturenbrettes leiten fortan große, rechteckige Lüftungsgitter statt der kleinen walzenförmigen Varianten Luft ins Cockpit.

setzten Sitze mit nach hinten erweitertem Verstellbereich, die mit Schiebeblenden abdeckbaren Makeup-Spiegel in den Sonnenblenden, die Hochdruck-Scheibenwaschanlage (Bedienung über separaten Wippschalter unterhalb des Armaturengehäuses) und das abermals verbesserte Heiz- und Lüftungssystem mit größeren Luftaustrittsdüsen und geänderten Schaltern. Fortan strömt Entfrostungsluft durch eine fast scheibenbreite Düse statt durch zwei schmalere Düsen über die Windschutzscheibe, statt der zierlichen, walzenförmigen Seitenausströmer im Armaturenbrett kommen große, besser zu bedienende Lüftungsgitter zum Einsatz, und auch der Mittenausströmer nahm in der Bauhöhe deutlich zu. Ihre Befehle zur Regulierung der Heizwirkung erhält die Klimaanlage ab Modell '86 im übrigen nicht mehr über den warzenförmigen Dachsensor (zwischen den Sonnenblenden), sondern über einen direkt im Armaturenbrett untergebrachten, unauffälligen Sensor.
Einmal mehr kümmerten sich die Interieurs-Kosmetiker um das Jahrgangs-typische turbo-Ambiente des Modells '86: mit neuen Teppichböden und einer neuen Kofferraum-Auskleidung nach Interieurs-Muster.
Alle Maßnahmen zusammen gaben dem turbo-Verkauf einen gewaltigen Schub: 1986 wurden weltweit über doppelt so viele turbos verkauft als noch 1985, über die Hälfte davon in den USA. Daß Porsche zu dieser Zeit in Sachen sportliches Image auf dem Zenith stand, mag seinen Teil zum Erfolg beigetragen haben. Schließlich hatten Porsche-Triebwerke gerade in den Jahren 1984, 1985 und 1986 Formel 1-Weltmeisterschaften ermöglicht – es waren turbo-Motoren, die das Gespann Porsche/McLaren unschlagbar gemacht hatten.
Und das Porsche-Selbstbewußtsein manifestierte sich mit Modell '86 überdies mit einem spektakulären Schritt auf dem Gebiet der Garantiegewährung. Fortan konnten sich Porsche-Kunden an diesen beruhigenden Leistungen erfreuen:

- zwei Jahre Garantie ohne Kilometerbegrenzung auf die Mechanik,
- drei Jahre Lackgarantie,
- zehn Jahre Garantie gegen Durchrostung,
- zwölf Monate Garantie auf Porsche-Ersatzteile.

Kein Zweifel: Nie zuvor war es vernünftiger, als sich mit einem Porsche unvernünftig zu motorisieren.

turbo-Jahrgang '87: turbo-Cabrio und -Targa

Die neuen turbo-Versionen Cabrio und Targa waren noch nicht endgültig beschlossen, als Porsche im Herbst '86 offiziell das Modellprogramm '87 verkündete. Lediglich eine Lederummantelung des Schalthebelknopfes, serienmäßig vollelektrische Sitze, zusätzliche Außenfarben sowie ein neues Serien-Radio (Blaupunkt Berlin JQR 86) mit Diebstahl-Codierung waren der Porsche-Presseabteilung deshalb zunächst der Rede wert.
Die eigentlichen turbo-Sensationen des neuen Jahrgangs gaben indessen erst im Januar 1987 ihr Debut: Nach zwölf Jahren turbo-Geschichte bot Porsche sein Spitzenprodukt erstmals ab Werk in Cabriolet- und Targa-Varianten an. Bislang hatten lediglich Porsche-Tuner die offenkundige Marktlücke genutzt – Nachfrage bestand in der Tat danach, das legendäre Turbo-Säuseln bei schönem Wetter ohne Blechdach-Filter zu erleben. Ohnehin eignete sich die spezielle Charakteristik des turbo mit seinen kultivierten Umgangsformen bei bedächtiger Fahrweise gut dazu, mit einem offenen Dach kombiniert zu werden. Und die grundsolide Karosserie-Struktur des offenen Elfers, verwindungssteif wie kein zweites Topless-Automobil, schien für den dramatischen Leistungsschub durch den 300 PS-Bläser bestens gerüstet.
Die zusätzlichen turbo-Varianten gerieten zu den teuersten Straßen-Porsche aller Zeiten: Mit Einführung in Targa-Version mit 132 000 Mark, in Cabrio-Version gar mit 145 000 Mark ausgezeichnet, wurden die Preise bereits am 30. März 1987 um jeweils 2 850 Mark erhöht. So stand das Bläsertrio in diesem Jahr mit 127 850 Mark (Coupé), 134 850 Mark (Targa) und 147 850 Mark in der Porsche-Preisliste, wobei sich der speziell hohe Aufpreis für das Vollcabriolet durch das serienmäßig elektrisch betätigte Faltdach erklärt.
Weniger spektakulär als der plötzliche turbo-Artenreichtum gestalteten sich die Porsche-typischen Kleinarbeiten im Detail. So erhielten die Kat-Exemplare für die USA einen zusätzlichen Elektrolüfter für den Frontölkühler, der bei 118 Grad Celsius Öltemperatur thermostatisch eingeschaltet wird. Auch nach Südafrika, Saudi-Arabien und Hong Kong gelieferte turbos erhielten die Hitze-Vorsorge serienmäßig. Die turbo-Bremsanlage des Jahrgangs '87 unterscheidet

◁
Schneekönig: ein Cabriolet mit 300 PS – der turbo 3.3 mit unbegrenzter Kopffreiheit.

◁ Sensationen zwei Jahre vor Einstellung der Urturbo-Produktion: Endlich können turbo-Enthusiasten in Zuffenhausen sowohl die Targa- als auch die Cabrio-Variante bestellen. Das kommt trotz hoher Preise billiger, als der bisher notwendige Gang zum Tuner, der entsprechende Carrera- oder SC-Karossen aufwendig auf turbo-Spezifikation umrüsten mußte. Auf diesem Paarfoto gleichfalls deutlich zu sehen: die ab Jahrgang '87 in das Band zwischen den Rückleuchten integrierten Nebelschlußleuchten anstelle der zuvor nachträglich nahe des Endrohrs montierten Version (vergleiche mit Seite 76).

sich von den Vorgängern durch asbestfreie Handbremsbeläge und durch Bremsscheiben mit nachträglich gebohrten und angesenkten Belüftungslöchern (vorher gegossen).
Dazu gesellen sich Kleinigkeiten: ein geänderter Außenspiegel-Schalter und Antrieb, in die Heckblende integrierte Nebelschlußleuchten, Nadelfilz-Teppich statt Velours im Kofferraum, neue Lackqualitäten, geänderte Scheinwerfer zur Vereinheitlichung von US- und Rest der Welt-Exemplaren (bedingte auch geringfügige Vorderkotflügel-Modifikationen im Bereich der Scheinwerfer-Einsätze). Um beim Anfahren mit schleifender Kupplung eine geringere Geruchsbelästigung und einen höheren Reibwert zu erreichen, wird ab Frühjahr 1987 eine neue Kupplungsmitnehmerscheibe mit verändertem, asbestfreiem Belag verwendet.

turbo-Jahrgang '88: Kleinigkeiten in der Schlußphase

Der Ur-turbo von Porsche geht mit Kleinst-Modifikationen in seinen vorletzten Modell-Jahrgang: Er erhält »zur Verbesserung der Laufcharakteristik« neue Kolben mit geänderter Bodenform. Freilich ist die Modifikation derart gering, daß Porsche auf die Möglichkeit, Neu-Kolben mit Alt-Kolben in einem Triebwerk zu paaren, eigens hinweist, so die Kolbengewichte beachtet würden.
Die Fensterheber erhalten eine Möglichkeit, im Fall des Elektromotor-Versagens manuell Scheiben hoch- oder hinunterzukurbeln. Die Notöffnung für die Handkurbel versteckt sich dabei hinter der Blende des Türlautsprechers. Wer bislang nicht wußte, wie er im turbo Hupsignale erzeugen soll, dem gibt ein kleines aufgedrucktes Waldhorn auf der Hupen-Prallplatte eindeutige Direktiven. Auf ähnliche Fahrermentalitäten zielt der beifahrerseitige Rückspiegel-Hinweis auf nach den USA gelieferten turbos, daß in diesem Spiegel ausgemachte Gegenstände bereits näher sind, als sie erscheinen.
Mehr Luxus und simplere Ausführung prägen den turbo des 88er Jahrgangs: Gegen Aufpreis können (allerdings nur in Verbindung mit den Komfortsitzen) üppige Raffleder-Sitzbezüge geordert werden. Und die bislang aus Aluminium gefertigte Frontscheibengummi-Zierleiste besteht künftig aus Plastik. Amerikanische turbo-Käufer können ab Werk nun eine CD-Anlage bestellen, die US-Alarmanlage schlägt ab Modell '88 ganze 90 Sekunden lang (statt nur 30 Sekunden) akustisch Alarm, kombiniert mit hektischem Blinken der Außenbeleuchtung. Dies gibt Hinweis darauf, daß ein Super-Porsche in der Tat zu den unter US-Langfingern am meisten begehrten Automobilen zählt – unerwünschtes Kompliment an das Haus Porsche.

turbo-Jahrgang '89: zu guter Letzt und endlich das Fünfgang-Getriebe

Offiziell hatten sich Porsche-Sprecher stets gewunden, wenn es galt, den ausgerechnet beim Spitzen-Porsche fehlenden fünften Gang zu begründen. Vom enormen Drehmoment des turbo war in solchen Fällen meist die Rede, die ein weiteres Schaltmanöver und die damit verbundene Unbill gänzlich unnötig machte, und davon, daß im turbo dem Bedürfnis nach raketenhaften Beschleunigungsmanövern ganz simpel mit dem Druck aufs rechte Pedal nachzukommen sei. In der Tat hatte der beim Einsetzen des Turboladers beginnende Schub einen Effekt gleich dem, in einem minder motorisierten Automobil ein, oder gar zwei Gänge zurückzuschalten.
Daß freilich ein gut abgestuftes Fünfgang-Getriebe ein gutes Auto wie den turbo noch besser macht – diesen Beweis trat mit Alois Ruf im bayrischen Pfaffenhausen ein Porsche-Tuner mit seiner selbstentwickelten Fünfgang-Box an. Mehr zur Verfügung stehende Übersetzungen erlaubten es schlicht und ergreifend, häufiger im Vollade-Bereich des Triebwerks zu blasen, sie bedeuteten eine Verkleinerung des berüchtigten Turbo-Lochs, und sie sorgten für noch bessere Beschleunigungs-Taten.
Porsche gestand die Fünfgang-Vorteile im letzten Modelljahr des Ur-turbo indirekt ein, indem für den turbo schlicht und ergreifend und endlich ein eigenes Fünfgang-Getriebe entwickelt worden war, nämlich das neue Getriebe G 50/50 mit synchronisiertem Rückwärtsgang, funktionsgleich mit dem damals seit zwei Jahren im Carrera verwendeten Getriebe-Typ G 50/00. Vom Carrera wurde überdies die

▷

Zu guter Letzt ein Fünfgang-Getriebe für den turbo: Mit dem Jahrgang '89 gesellt sich zum Motor 930/66 das Getriebe G50/50 mit Viergassen-Schaltbild, Vollkonus-Synchronisierung und synchronisiertem Rückwärtsgang.

Das Schaltbild

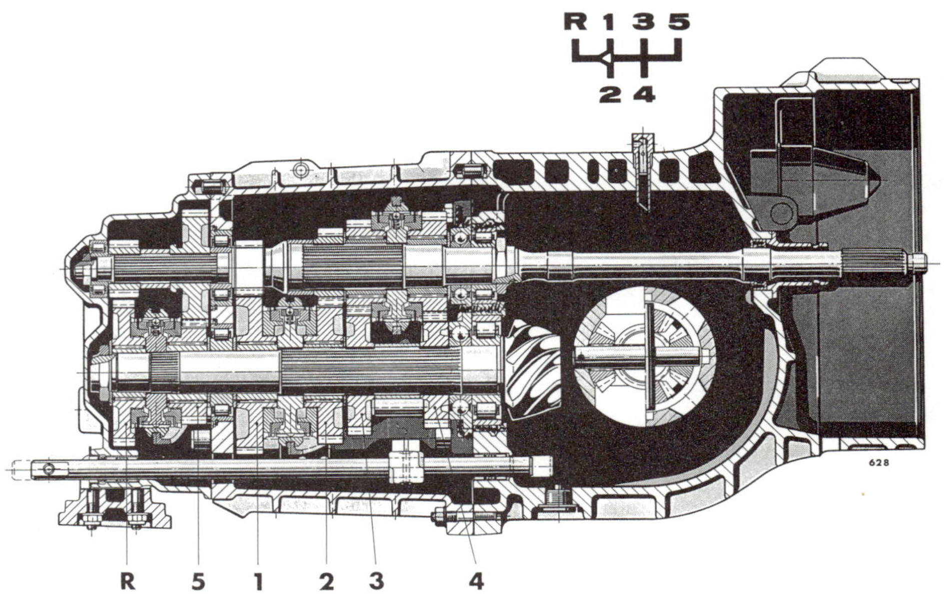

hydraulische Kupplungsbetätigung übernommen, wobei sich der Kupplungsgeberzylinder an der Stirnseite des Pedalwerkes befindet, während der Kupplungsnehmerzylinder wie beim Carrera am Getriebegehäuse angeschraubt ist.

Gegenüber dem Carrera-Getriebe erfuhr das G 50/50 Verstärkungen an Getriebegehäuse, Triebsatz und Tellerrad, seitlichem Getriebedeckel, Getriebe-Vierpunktlager, Spannplatte und Ausgleichsgetrieberäder sowie deren Lagerung. Um das neue Getriebe mit seinem längeren Gehäuse unterbringen zu können, mußte das Achsquerrohr im Mittelteil geändert werden.

Die genauen technischen Daten (Übersetzungen, Zähnezahlen etc.) können dem Anhang ab Seite 137 entnommen werden. Wenden wir uns nun den sonstigen 89er-Änderungen zu. Denn auch das Fahrwerk erfuhr zum letzten turbo-Tango eine nochmalige Überarbeitung, die erkannte Schwächen ausmerzen sollte. Um das Eintauchverhalten beim Beschleunigen und das Nickverhalten bei Lastwechsel zu verringern, verdickten die Porsche-Techniker den hinteren Drehstab um einen auf 27 mm im Durchmesser. Und um die Übersteuerungstendenz etwas zu mildern, erfuhr der Vorderachs-Querstabilisator eine Durchmesserreduzierung um zwei auf 18 mm. Die Bilstein-Stoßdämpfer erhielten zur Fahrkomfort-Verbesserung eine degressive Dämpfer-Kennung. Und aus Gesundheitsgründen rüstete Porsche mit seinem 89er Jahrgang weltweit auf Asbest-freie Bremsbeläge um.

Dazu gesellen sich erneute Ausstattungsverbesserungen – etwa die mittels Rändelrad regulierbare Sitzheizung (Auf-

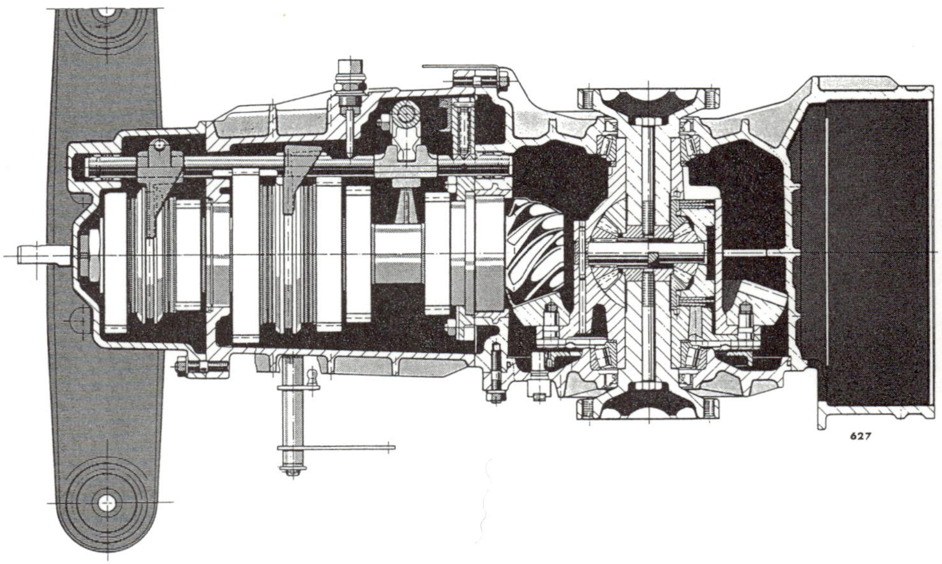

▷

Der Triebsatz des G50/50 ist als Hypoid-Triebsatz ausgeführt – Mittelachse des Tellerrades liegt somit (mit einem Versatz von zehn Millimeter) über der Mittelachse der Triebwelle. Hypoidgetriebe können bei gleicher Tellerradgröße höhere Drehmomente übertragen.

preis-pflichtig), die nun auch die Sitzflächen-Seitenwangen erwärmt; die beim Verriegeln der Türen von außen automatisch zu schärfende Alarmanlage, auf deren Funktionsbereitschaft in den Tür-Sicherungsknöpfen eingebaute Leuchtdioden blinkend hinweisen.
Noch mehr Vertrauen in die eigenen Fertigungs- und Endkontrollen dokumentiert der geänderte Wartungsplan für den 89er turbo, der eine erste Kontrolle erst bei 3000 bis 4000 Kilometer vorschreibt, statt bisher bei 500 bis 2000 km. Doch die dadurch noch größere Wirtschaftlichkeit des turbo sollte nurmehr 2 204 turbo-Käufern zugute kommen – soviele Exemplare wurden nämlich im letzten Jahr des klassischen turbo gebaut. Was folgte, war ein turbo-Loch mit neuer Interpretation: nämlich rund 18 turbo-lose Monate in der Zuffenhausener Porsche-Produktion, ehe Ende 1990 mit dem turbo 2 auf Basis der neuen Carrera 2/4-Bodengruppe ein nochmals stärkeres Stück mit turbo-Kraft sein Debut gab.

Ein letzter Rundgang um den letzten Ur-turbo (Modelljahrgang '89): nach über eineinhalb Jahrzehnten nach wie vor eine imposante Erscheinung – und kein bißchen veraltet...

...Wie die Basisversion, der Porsche 911 mit Saugmotor, erwies sich auch der turbo als Musterbeispiel zeitlosen Designs.

▷
Das Täuschungs-Manöver: Von vorn ist ein turbo kaum vom Basis-Elfer zu unterscheiden – hier posiert ein Modell '82

S-EK 8076

Gebündelte Kraft: der Motor 930/50 – erster Serien-Turbomotor von Porsche.

Das Bläser-Duo: Turbo-Carrera RSR von 1974 und 911 turbo von 1975 in einem der ersten turbo-Prospekte.

Turbo-Technik

Das Besondere am Turbo-Motor ist natürlich der Turbolader. Er besteht aus einem Turbinen- und einem Verdichterrad, die auf einer gemeinsamen Welle befestigt sind. Das Turbinenrad wird von den Auspuffgasen des Motors angetrieben und bis auf Drehzahlen von 90 000 U/min gebracht. Mit der gleichen Geschwindigkeit dreht sich auch das Verdichterrad. Es saugt über den Luftfilter, den Gemischregler und die Saugleitung Luft an, verdichtet sie bis auf 0,8 atü und führt sie über Druckleitung, Drosselklappe und Ansaugverteiler den Zylindern zu. Die Gemischbildung erfolgt in einer gegenüber den Saugmotoren vergrößerten K-Jetronic-Anlage. Diese wurde zusätzlich mit einem Startmagnet versehen, der bei heißem Motor und eventuellem Ausdampfen der Einspritzleitungen kurzzeitig die Einspritzmenge erhöht und somit einen sicheren Heißstart gewährleistet.
Die kontaktlos gesteuerte und damit wartungsfreie Zündanlage wurde für den Motorsport entwickelt und ist hier in die Serie übernommen worden.
Um das hohe Drehmoment von 35 mkp übertragen zu können, wurde der Kupplungsdurchmesser vergrößert. Der elastische und durchzugskräftige Motor macht die Verwendung eines Fünfgang-Getriebes überflüssig. Das in der 911-Serie verwendete Getriebe wurde umkonstruiert. Der höheren Motorleistung wurde außerdem durch breitere Zahnräder und widerstandsfähigerem Wellenwerkstoff Rechnung getragen, und aus dem gleichen Grund besteht das Getriebegehäuse aus einer Silumin-legierung.
Auch das Fahrwerk wurde modifiziert und erhielt eine vom Renn-Carrera (RSR) abgeleitete Kinematik. Sturz- und Vorspurverlauf wurden an beiden Achsen geändert. Neu sind die steifen Hinterachslenker in Alu-Sandguß. Die Radlager stammen aus dem 917-Rennsportwagen. Straffe Gasdruck-Stoßdämpfer, 7"-Felgen vorn und 8"-Felgen hinten sowie verbreiterte Spurweiten verbessern Fahrstabilität und Straßenlage. Die Lenkung stammt vom 911, die Bremsanlage vom Carrera.

Der Höhenflug: 911 turbo 3.3 Modell '81 auf Paßfahrt.

Die Heck-Partie: Diese Hinterfront wurde zum turbo-Markenzeichen – auf dem Foto ist es ein Modell '79.

Das Frühwerk: Diese turbo-Studie von 1981 wies auf drei neue Porsche hin – auf das SC-Cabrio, auf den 959 mit Vierradantrieb und schließlich auf das turbo-Cabrio.

Das Überholmanöver: So sehen ihn die meisten anderen – wie diesen 82er turbo 3.3 beim Sprung nach vorn.

Der Triebtäter: Fahrkönner lassen den turbo meisterhaft fliegen – hier ist's ein 86er Exemplar.

Die Extrawurst: In der Porsche-Sonderwunschabteilung ist nichts unmöglich – etwa ein Flachschnauzen-turbo-Cabrio mit Klappscheinwerfern.

Die Fortsetzungs-Geschichte: Mit dem turbo 2 von 1990 beginnt ein neues turbo-Kapitel.

Der turbo für die 90er Jahre

Der Dampfhammer-Tradition verpflichtet

Rund eineinhalb Jahre lang mußten turbo-Süchtige warten, bis ihnen Porsche wieder ihre Droge lieferte, stärker als (serienmäßig) je zuvor, und dennoch in der Anwendung ein wenig weniger gefährlich. Offiziell schob Porsche für den im Vergleich zu den Saug-Varianten der neuen 964-Reihe rund zwei Jahre späteren turbo-Start Kapazitäts-Engpässe bei Anlauf des neuen Zuffenhausener Karosseriewerkes vor. Durchgedrungen war indessen auch, daß der turbo für die 90er Jahre ursprünglich ganz anders aussehen sollte, wie letztlich realisiert.

So war geplant, ihn als hochkarätige »Spar«-Variante des Hightech-959 zu präsentieren, mit Vierradantrieb und rund 360 PS starkem Doppelturbo-Motor, angesiedelt in einer Preisklasse weit oberhalb aller bisherigen Normalserien-Usancen des Hauses Porsche. Dem neuen Porsche-Entwicklungschef Ulrich Bez, seit Herbst 1988 Hausherr in Weissach, wird die Umpolung auf eine zivilere turbo-Variante zugeschrieben, weniger komplex in der Technologie, weniger riskant in der Markteinführung und nicht zuletzt weniger teuer für den Kunden.

Statt eine viertel Million Mark mußten turbo-Käufer deshalb zunächst »nur« 178 500 Mark für den aktuellen turbo bezahlen – über 40 000 Mark mehr, als für den letzten turbo alter Prägung. Optisch erhalten sie dafür einen turbo vertrauter Erscheinung, mit nach wie vor großem, starrem Spoiler-Tablett statt ausfahrbarem Bürzel (wie bei Carrera 2 und 4, von dem der neue turbo Aufbau und Struktur des Karosserie-Rohbaus bezieht). Nur im direkten Vergleich sichtbar wurde die obere Abschlußkante des Heckflügels allerdings zur Aerodynamik-Optimierung und Anpassung an die 964-typische neue Frontpartie geringfügig, nämlich um 20 mm, gekürzt. Weitere äußere Identifikations-Merkmale des neuen turbo gegenüber den Vorgängern sind die neue, einteilige und deutlich rundere vordere Stoßstangen/Bugschürzen-Partie aus dem Werkstoff PUR RIM (Polyurethan reinforced reaction moulding) mit 16 Prozent Glasanteil, die neue integrierte Heckstoßstange aus TPE-PBT (thermoplastischer Kunststoff) und die vor den Heckkotflügeln nach oben gezogenen Schwellen-Verkleidungen aus PUR RIM mit 20 Prozent Glasanteil, die den vom klassischen turbo her bekannten schwarzen Steinschlagschutz vor den Hinterrädern überflüssig machen. Neugestaltete Außenrück-

Kaum sichtbar verändert unterscheidet sich der turbo 2-Heckspoiler von der Vorgänger-Variante durch eine um 20 Millimeter gekürzte Abschlußkante.

spiegel aus dem Kunststoff PC-ABS und eine von vorn bis nach hinten zum Motor reichende Unterboden-Verkleidung tragen gleichfalls ihre Teile zum von 0,39 auf 0,32 verringerten c_w-Wert des neuen Spitzensportlers bei. Ohne Zweifel kann Porsche auf alle Aerodynamik-Werte des neuen turbo stolz sein – hier sind sie: tatsächlicher Luftwiderstand bei einer Stirnfläche von 1,86 m^2 0,68, Auftriebsbeiwert CA nahe null.

Vertraute Silhouette: Auf den ersten Blick unterscheidet sich der turbo 2 kaum vom Ur-turbo. Auf den zweiten Blick entdeckt das Kenner-Auge die neugestalteten und im Umfang auf 17 Zoll vergrößerten Räder, die gerundeten, von Carrera 2/4 übernommenen Bug- und Heckpartien sowie die vor dem hinteren Radausschnitt hochgezogene Kunststoff-Schwellenverkleidung, die die Steinschlagschutzfolie des alten turbo überflüssig macht.

Im Design direkt vom 959 übernommen wurden für den neuen turbo die gegossenen 17 Zoll-Aluminiumräder, vorn sieben Zoll breit, hinten neun Zoll breit. Breitreifen der Dimensionen 205/50 ZR 17 vorn und 255/40 ZR 17 hinten ergänzen das neue turbo-Geläuf, hinter dem sich vorn im Durchmesser 322 mm große Bremsscheiben (übernommen vom Typ 928), hinten 299 mm-Scheibenbremsen (identisch mit den Vorderrad-Scheiben des 944 turbo) verbergen. Daß

Das turbo 2-Getriebe G50/52: biegesteiferes Gehäuse und nochmals Drehmoment-belastbarer.

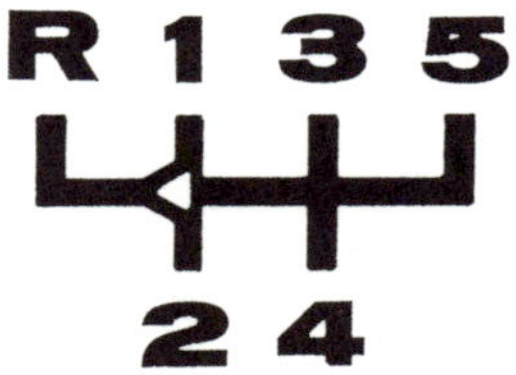

Das Schaltbild

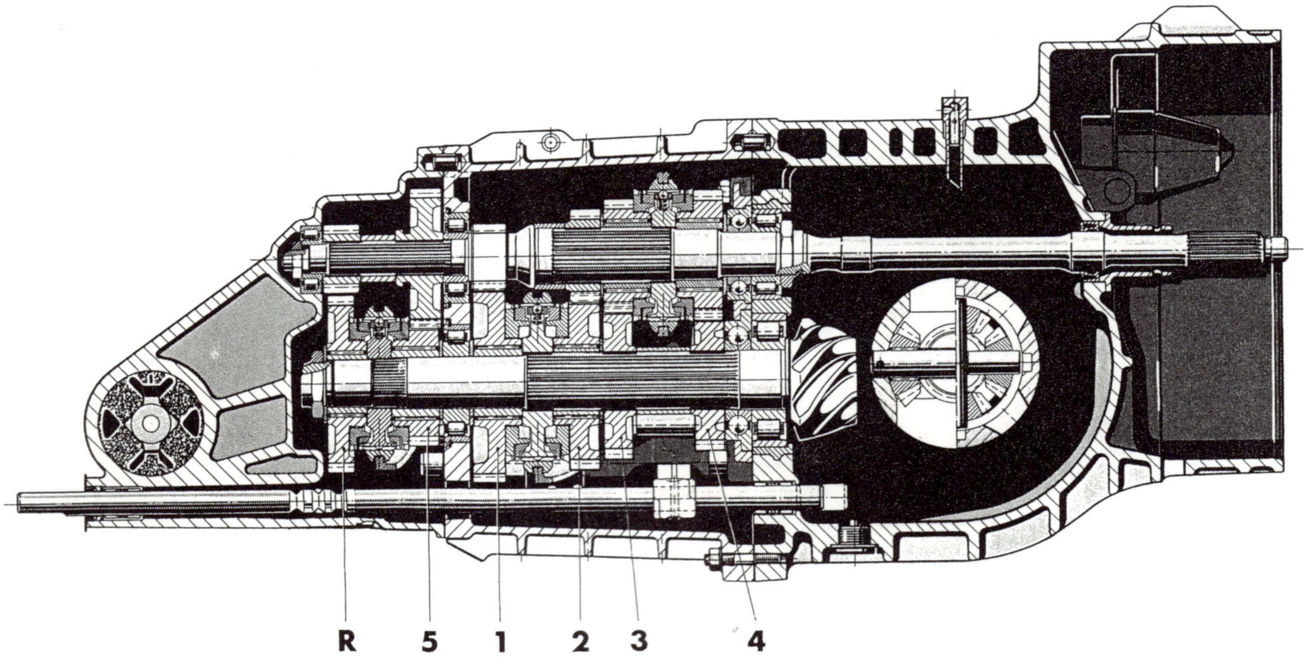

diese wie beim Vorgänger innenbelüftet, gelocht und von Vierkolben-Aluminium-Bremssätteln in die Zange genommen werden, ist genauso selbstverständlich, wie die ins Cockpit signalisierte Bremsbelags-Verschleißanzeige. Neu ist hingegen der serienmäßige ABS-Einbau.
Gleichfalls 964-Standard ist die nunmehr ausschließlich verwendete Servolenkung und das im Prinzip vom Carrera 2 übernommene Fahrwerk mit Schraubenfedern vorn und hinten, McPherson-Dämpferbeinen vorn und der vorspurkorrigierenden Schräglenker-Hinterachse. Die vorderen Federbeine stützen sich an der Karosserie über Stützlager ab, die gegenüber dem Carrera 2/4 um 180 Grad gedreht eingebaut sind. Gemeinsam mit den weiter außen angebrachten Befestigungspunkten der Querlenker ergibt sich so eine größere Spurbreite bei unverändertem Lenkrollhalbmesser.
Als interessantes Detail kommt im neuen turbo ein Sperrdifferential zum Einsatz, das nicht allein die Traktion in Kurven und auf schlüpfrigem Fahrbahnbelag verbessern soll, sondern überdies aktiv Lastwechselreaktionen in Kurven positiv (also reduzierend) beeinflußt. So bewirkt die turbo-Sperre unter Zug eine Sperrwirkung von nur 20 Prozent, im Schub hingegen von 100 Prozent. Diese Erhöhung der Sperrwirkung im Schubbetrieb soll beim Gaswegnehmen in Kurven das Giermoment, somit den Eindreheffekt – gleichermaßen geschätztes, wie manchmal auch gehaßtes Eigenlenkverhalten eines Heckmotor-Porsche – verringern.
Doch damit nicht genug der Neuerungen auf dem Gebiet der Kraftübertragung. Abermals überarbeitet wurde nämlich auch das Getriebe, nun mit der Kennziffer G50/52, das sich vom G50/50 des turbo-Vorgängers durch ein biegesteiferes Gehäuse und abermalige Anpassungen an das nochmals um 20 Nm gestiegene Drehmoment auszeichnet. Notwendig war auch eine Änderung des Gehäuses wegen des Einbaus eines Zweimassen-Schwungrades, mit dessen Hilfe es möglich war, zugunsten geringerer Getriebegeräusche eine zusätzliche Schwungmasse nach dem Torsionsdämpfer zu integrieren, ohne daß diese Zusatzmasse beim Schaltvorgang mitbeschleunigt oder -verzögert werden muß.
Und wie steht's mit der Leistung, dem klassischen turbo-Merkmal? Die stieg wieder einmal – wenngleich nicht so dramatisch, wie beim Übergang von Dreiliter auf 3.3 anno 1978. Immerhin 320 PS bei 5750/min stehen im neuen turbo-Motor des Typs M30/69 zur Verfügung, 20 PS mehr als zuvor, bei unveränderter Verdichtung von 7,0:1 in erster Linie durch einen um 50 Prozent vergrößerten Ladeluftkühler erreicht. Darüberhinaus sorgt ein abermals vergrößerter Turbolader für mehr Leistung bei hohen Drehzahlen, eine druckgesteuerte Kennfeld-Zündung (anstelle der Hochspannungs-Kondensator-Zündung) ist nicht zuletzt für die von Porsche mit fünf Prozent bezifferte Verbrauchsminderung verantwortlich.
Und das sind die sonstigen wichtigen Neuerungen des M30/69 gegenüber seinem Prinzip-Vorgänger 930/68:

- neue, thermisch optimierte Zylinder,
- Zylinderkopf-Dichtungen aus Edelstahl,
- getrennter Riemenantrieb für Generator/Klimakompressor und Kühlgebläse.

Der neue turbo wurde indessen nicht nur stärker und sparsamer, sondern zugleich nochmals leiser – und vor allem in den Abgasen ungiftiger. Seine völlig umgekrempelte, voluminösere Abgasanlage enthält einen geregelten Dreiweg-Metallkatalysator, der Bypass-Ausgang darüberhinaus einen ungeregelten Metall-Kat. Dadurch werden die US-Normen in Sachen Schadstoffwerte nach Porsche-Aussage noch unterboten. Zur geringeren Geräuschentwicklung trägt nicht nur die nochmals verbesserte Auspuff-Schalldämpfung bei, sondern auch eine modifizierte Motor- und Getriebe-Aufhängung in Hydrolagern, die eine Schwingungs-Abkoppelung der Antriebseinheit bewirken, und das bereits erwähnte, für den turbo neuentwickelte Zweimassen-Schwungrad.

Doppelseite:
Nochmals um 20 PS erstarkt: Das turbo 2-Triebwerk M30/69 leistet bei gegenüber dem Typ 930/66 unverändertem Hubraum von 3,3 Liter dramatische 320 PS – und ist dabei dank geregeltem Dreiweg-Metall-katalysator nochmals weniger giftig in den Abgasen. Selbst der Bypass-Ausgang führt durch einen (ungeregelten) Metall-Kat.

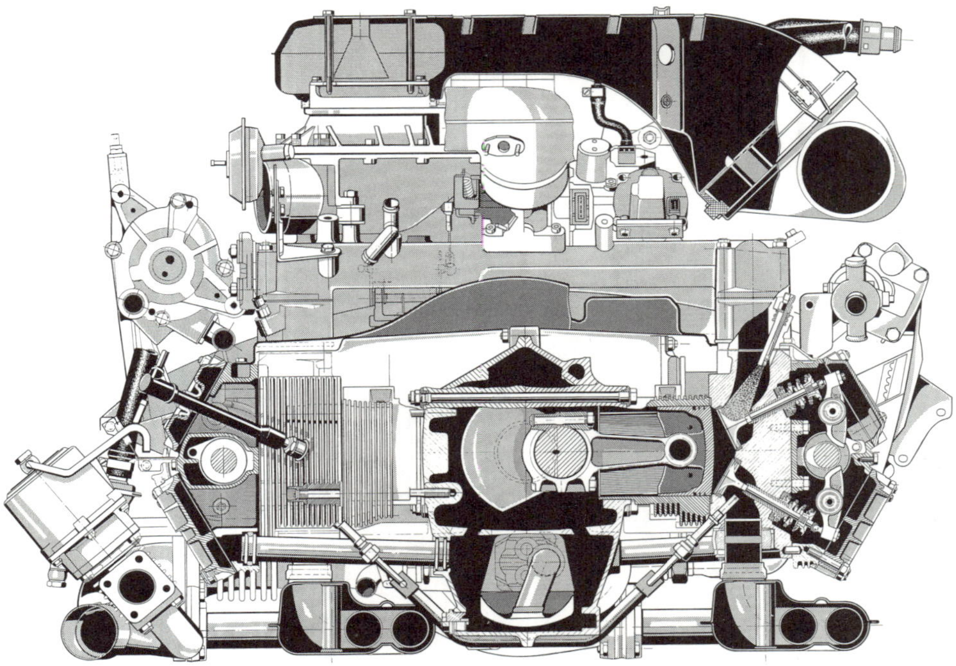

M30/69 im Quer- und Längsschnitt: neue, thermisch optimierte Zylinder, um 50 Prozent vergrößerter Ladeluftkühler.

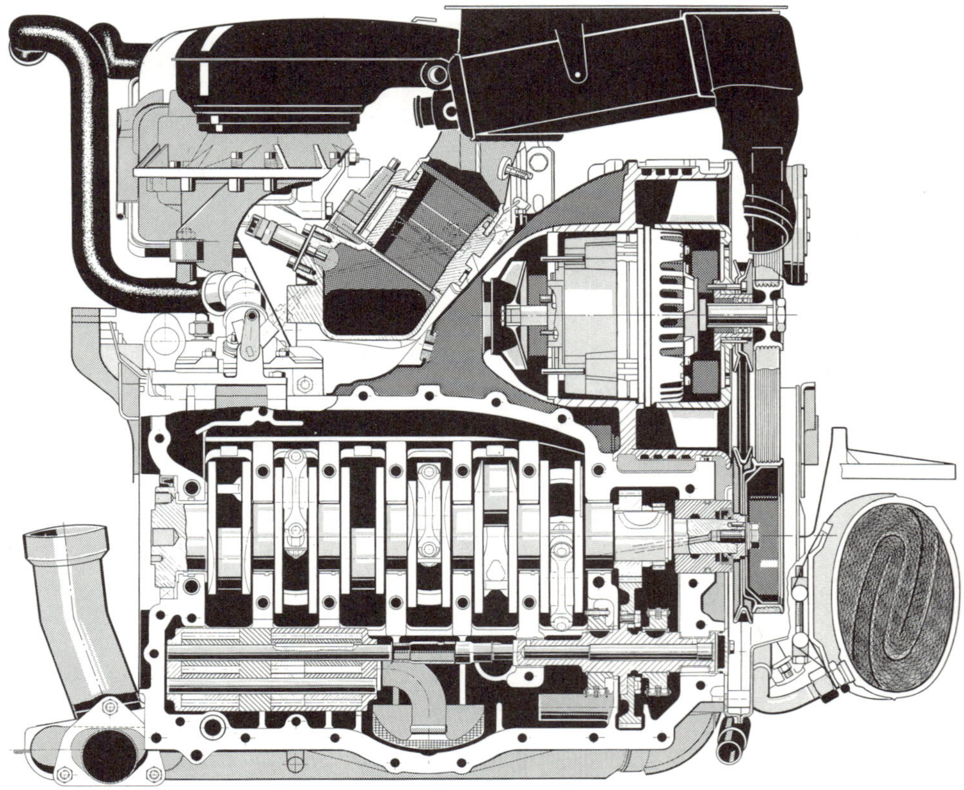

Im turbo 2-Cockpit dominiert das klobige Vierspeichen-Lenkrad (serienmäßig mit Airbag). Fahrer und Beifahrer trennen im Modell '90 eine gegenüber dem Ur-turbo voluminösere Mittelkonsole mit kürzerem Schalthebel.

Insgesamt nahm der neue turbo für die 90er Jahre wieder einmal an Gewicht zu: Mit 1470 Kilogramm Leergewicht übertrifft er seinen Vorgänger in dieser Hinsicht um deutlich über 100 Kilogramm, was seinen Leistungsvorsprung bei der Berechnung des Leistungs-Gewichtes zunichte macht. Verantwortlich für die Fülle ist nicht allein die aufgewertete Technik, sondern auch ein abermals »angefetteter« Ausstattungsumfang, der außer dem schon beim klassischen turbo letzter Generation Gebotenen (etwa Klimaanlage, vollelektrisch verstellbare Sitze und Superstereoanlage) nun auch Airbags für Fahrer und Beifahrer serienmäßig umfasst. Das gegenüber dem klassischen Elfer-Volant deutlich plumpere Airbag-Lenkrad prägt denn auch das neue turbo-Cockpit, das im übrigen – abgesehen vom Leuchten-überladenen, aus Carrera 2 und 4 her bekannten Öl-Kombiinstrument – Elfer- und turbo-Traditionalisten nicht schrekken wird.

Eingehende Fahrwerks-Überarbeitungen haben aus dem turbo für die 90er Jahre ein Superauto mit weniger Tücken, die serienmäßige Servolenkung eines mit größerer Handlichkeit gemacht. Wegen des gestiegenen Gewichtes kann indessen kein besseres Temperament erwartet werden. Die Höchstgeschwindigkeit stieg dank günstigerer Aerodynamik um rund zehn km/h.

Nicht umgewöhnen müssen sich Neuturbo-Fahrer auch beim Tritt aufs rechte Pedal: Er geht nach wie vor wie die sprichwörtliche Sau, beschleunigt nach Werksangaben in nur fünf Sekunden aus dem Stand bis 100 km/h und verdankt seiner besseren Aerodynamik eine geringfügig auf 270 km/h erhöhte Höchstgeschwindigkeit. Damit läßt es sich fraglos leben im Zeitalter zunehmenden Stillstands auf deutschen Autobahnen – Kritik darf da ihrer selbst Willen und als Kompliment an den klassischen turbo geübt werden: So gut wie der turbo für die 90er Jahre ging eben auch schon der Dreiliter für die 70er und der 3.3 für die 80er Jahre. So weit waren die ihrer Zeit voraus.

Der turbo für die Rennstrecke: turbo RSR (934)

Der Schwergewichts-Sportler

Er war der ursprüngliche Grund der geplanten turbo-Homologationsserie für den Straßengebrauch, doch dann kam alles ganz anders. Das ab der Saison 1976 gültige Reglement für die Gruppe 4 (Spezial-GT) forderte nicht, wie von Porsche ursprünglich vermutet, ein möglichst leichtes Straßenauto, um auf dieser Basis möglichst chancenreich Motorsport betreiben zu können. Es forderte vielmehr spezielle Mindestgewichte und Reifenbreiten, in verschiedenen Klassen orientiert am Hubraum des Sport-Fahrzeuges.

Aus diesem Grund drifteten die Entwicklungen für den in seinem Verkaufs-Potential mehr zufällig entdeckten 930 turbo für den Straßengebrauch und für den Renn-930 bereits 1974, kurz nach Eröffnung des neuen Anhang J, der die Rahmenbedingungen für Motorsport-Aktivitäten ab 1976 formulierte, auseinander. Der Renn-turbo gedieh zum RSR, heute besser unter seiner Typ-Kennzahl 934 bekannt – und um den geht es in diesem Kapitel.

Porsche war von den Gewaltigen der FIA in Paris und von Sport-Hoheiten in den USA schon des öfteren gebeutelt worden (und sollte auch noch in Zukunft einiges einstecken müssen), nicht immer fanden die Entscheidungen der Herren am grünen Tisch in Zuffenhausen Zustimmung. Im Falle der 1976 neuen Gruppe 4 indessen signalisierten die Porsche-Mannen Einverständnis – und das in offiziellen Statements: »Porsche begrüßt grundsätzlich diese Tendenz zum seriennäheren Wettbewerbswagen. Deshalb haben wir uns gern und sehr intensiv mit der neuen Aufgabe auseinandergesetzt und mit dem turbo RSR ein im Rahmen der neuen Regeln optimal leistungsfähiges, ausgewogenes und zuverlässiges Sportinstrument geschaffen.«

Tatsächlich hatte das neue Reglement eine Reduzierung der zulässigen Modifikationen zum Ziel – und somit eine Kostenreduzierung für diese Wettbewerbswagen. Höheres Minimalgewicht sollte den Einsatz exotischer Materialien unnötig machen, schmälere Reifen und Felgen kostendämpfend und – dank niedrigerer möglichen Kurvengeschwindigkeiten – risikominimierend wirkend. Die Ächtung von Vierventil-Zylinderköpfen und Doppelzündung mag aus heutiger Sicht fortschrittshemmend erscheinen – damals diente es zur Aufwands-Nivelierung bei finanziell unterschiedlich ausgestatteten Renn-Teams.

Er gab letztlich den Ausschlag für den Straßen-911 turbo: turbo RSR von 1976...

Porsche fühlte sich »als maßgeblicher Träger des Breitensports auf dem Sektor Motorsport« und war stolz darauf, mit dem 934 als einer der ersten ein den neuen Regeln entsprechendes, wettbewerbsfähiges GT-Fahrzeug bereitstellen zu können. Das in einer Stückzahl von 30 in der Reparatur-Abteilung unter Meister Elmar Willrett aufgelegte Basisfahrzeug wurde dabei – wie bei Porsche-Wettbewerbswagen üblich – direkt über die Kundensport/Reparatur-Abteilung in Zuffenhausen ausgeliefert, Grundpreis 107 670 Mark.
Doch nun zum 934 selbst – lassen wir dazu Projektleiter Wolfgang Berger zu Wort kommen:
Die Motorentwicklung konnte dank den Erfahrungen mit dem bisherigen Renn-Turbo und natürlich mit dem Serienturbo ohne größere Probleme durchgeführt werden. Der Grundmotor, Kurbelgehäuse, Kurbelwelle, Pleuel, Zylinder und Zylinderköpfe, wurden vom Serien-turbo übernommen und lediglich den erlaubten Änderungen unterzogen, so zum Beispiel das Vergrößern der Ein- und Auslaßkanäle.*

* Berger meint damit den von Porsche in der Marken-WM 1974 eingesetzten Carrera RSR mit aufgeladenem 911-Motor von 2,1 Liter Hubraum, ein Projekt, das Porsche Erkenntnisse für die erwartete Gruppe 5 nach dem Anhang J von 1976 liefern sollte. Porsche trat mit dem Turbo-Carrera RSR gegen reinrassige Sportwagen-Prototypen (etwa von Matra) an, konnte aber immerhin 1974 in Le Mans und Watkins Glen jeweils Zweiter werden. In der Endabrechnung der Marken-WM 1974 belegte Porsche Rang 3 hinter Matra und Mirage-Ford. Abgebildet ist der Carrera RSR im Farbteil auf Seite 87.

...Motorsport-Fans besser unter der Bezeichnung 934 ein Begriff.

Die Nockenwelle stammt vom Renn-Turbo, während die Ventile im Teller- und Schaftdurchmesser den Serienventilen entsprechen. Um die Laderschmierung zu verbessern, war eine neue Ölpumpe mit größerem Sauggehäuse erforderlich.*
Mit der Bosch K-Jetronic wurde bei Rennmotoren Neuland betreten. Schwierigkeiten ergaben sich einerseits durch das begrenzte Platzangebot im Motorraum und andererseits in der Auslegung des Luftmengenmessers, galt es doch, gegenüber dem Serien-turbo den doppelten Luftdurchsatz zu bewältigen. Nach vielen Abstimmungsversuchen auf dem Prüfstand wurde die Form des Luft-Ein- und -Auslasses bestimmt und durch eine kegelförmige Stauscheibe in Verbindung mit einem vorgesetzten Drallapparat das Problem der Luftmengenmessung gelöst.
Bei der Anordnung des Turboladers und der Luftführungen wurde prinzipiell die Serienlösung übernommen. Turbolader und Bypassventil sitzen unterhalb der Heckschürze, die Drosselklappe zwischen Verdichter und Ladeluftkühlung.
Das größte Problem war die Unterbringung eines Ladeluftkühlers. Die ersten Überlegungen zielten darauf ab, einen Luft-Luftkühler, ähnlich dem der Prototypen von 1974, zu verwenden. Das Platzangebot ließ jedoch bereits bei der

Auslegung des Kühlers erkennen, daß andere Wege gefunden werden mußten. Etwas skeptisch wurde der Vorschlag, die Ladeluft mit Wasser zu kühlen, aufgenommen. Wie groß müssen die Wasserkühler sein, wieviel Liter Wasser müssen mitgeführt werden, wie groß muß der Wasserdurchsatz sein?

Berger erinnert sich noch heute mit Vergnügen der Spötteleien seiner Kollegen, als er in der Zuffenhausener Werkstatt einen kompletten Wasserkreislauf außerhalb eines Fahrzeuges aufbaute, um mögliche Anordnungen, Systeme und die allgemeine Machbarkeit zu überprüfen. »Der Berger und sein Wasserwerk«, witzelte die Porsche-Truppe – vor allem dann, wenn Probleme auftraten. »Irgendwann einmal«, amüsiert sich Wolfgang Berger beim Rückblick, »trat eine Undichtigkeit auf – die ganze Werkstatt stand unter Wasser...!«

Immerhin ergaben sich wertvolle Erkenntnisse – Berger: »Die erforderlichen Kühler waren im Fahrzeug gut unterzubringen, und das Mehrgewicht von etwa 20 kp konnte in Kauf genommen werden.«

Tatsächlich verliefen Berger's Versuche vielversprechend, und als erste Temperatur-Messsungen im Fahrzeug durch-

Doppelseite:
Der Motortyp 930/75: offiziell knapp 500 PS starker Sechszylinder-Turboboxer für die Gruppe 4 auf Basis des serienmäßigen Motortyps 930/50. Die Ladeluftkühlung erfolgt durch Wasser.

geführt wurden, verstummten die Zweifler. Berger damals: *Die Ladeluft wird von 150 Grad Celsius auf circa 50 Grad zurückgekühlt. Außerdem wurde eine sehr kompakte Lösung der Luftführung durch die Verwendung von zwei Ladeluftkühlern gefunden, die nun dicht am Motor, unmittelbar über den Einlaßkanälen sitzen.*
Angetrieben wurde die notwendige Wasserpumpe von einer der beiden Nockenwellen, wobei die Kühlflüssigkeit in zwei im Bug untergebrachten Kühlern Kühlung erfährt. Weitere Details des 934-Triebwerkes sind sein Horizontal-Kühlgebläse und der vom Typ 917 übernommene Turbolader, der den für Rennzwecke relativ geringen Ladedruck von 1,3 bar erzeugt. Abblasventil und Zündanlage entsprechen der Serien-Version.
Und auch die Kraftübertragung, serienmäßig bereits für maximal 65 mkp Drehmoment ausgelegt, erfuhr nur geringe Modifikationen – etwa in Gestalt einer separaten Ölpumpe und eines im Heckspoiler untergebrachten Ölkühlers für das Getriebeöl. Da die Anzahl der möglichen Getriebeübersetzungen nach dem Anhang J beschränkt war, stehen pro Gang nur drei Übersetzungen zur Verfügung (siehe auch Technische Daten, Seite 133), die Serienübersetzung ein-

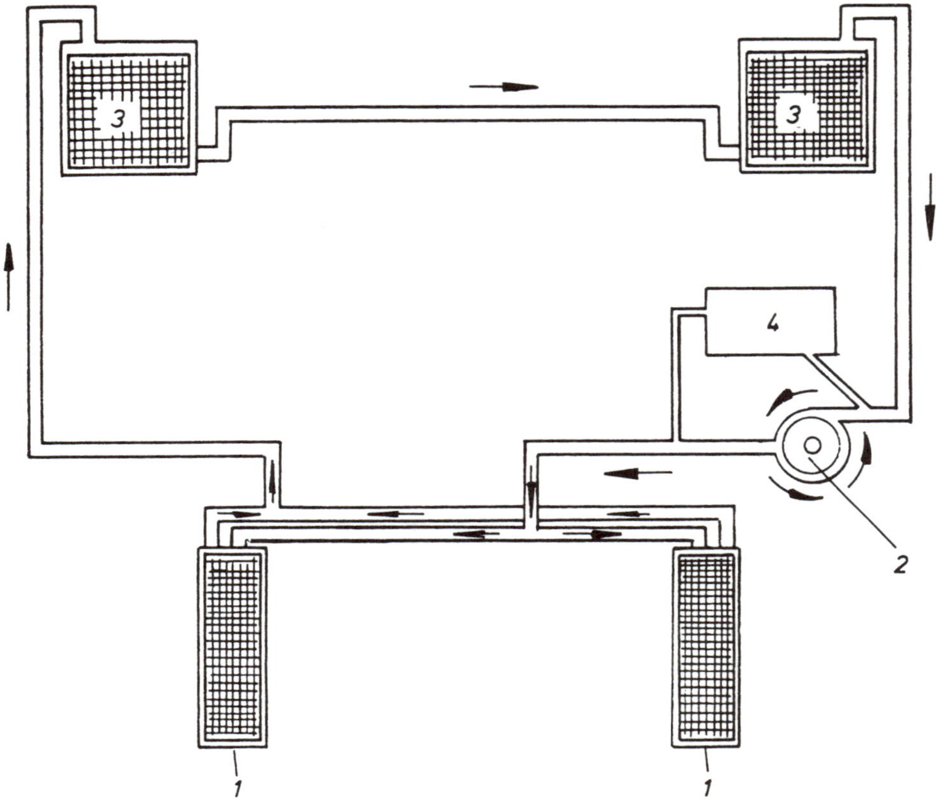

Funktions-Schema der Ladeluft-Wasserkühlung für den 930/75: Von der Pumpe (2) wird Wasser durch die beiden Ladeluft-Wasserkühler (1) gepumpt und kühlt dabei die relativ heiße Ladeluft ab. Das dadurch erwärmte Wasser wird von zwei Frontkühlern (3) abgekühlt. In den Wasserkreislauf ist ein Expansionsgefäß (4) integriert.

geschlossen. Außerdem wurden drei verschiedene Hinterachsübersetzungen angeboten. Serienmäßig ist die 80 Prozent-Sperre.
Daß sich ein 934 dennoch beim Schalten völlig anders anfühlt als der Straßen-turbo, hängt mit der modifizierten Schaltung zusammen. So wurden die Schaltwege erheblich verkleinert und die Motor/Getriebe-Einheit zur besseren Schaltexaktheit starr gelagert. Die Kupplung entspricht der Serie, wirkt allerdings mit höherer Anpreßkraft und überträgt die Kraft über einen Sinterbelag.
Gelenklager statt Gummilager dienen auf dem Fahrwerkssektor exakteren Radführungen, Federung und Dämpfung wurden den relativ hohen Fahrzeuggewicht angepaßt. Zusätzlich zu den Serien-Torsionsstabfedern kommen dabei Schraubenfedern, koaxial zu den Stoßdämpfern angeordnet, zum Einsatz. Höhenverstellbare Federn und einstellbare Stabilisatoren erlauben Anpassungen an unterschiedliche Rennstrecken und Fahrer.
Eklatant unterscheidet sich die 934-Bremsanlage von der der ersten Straßenturbo-Generation. Es handelt sich dabei um die bewährte 917-Anlage, mit innenbelüfteten Lochscheiben, verrippten Alu-Bremssätteln. Die Feinabstimmung der Bremskraftverteilung erfolgt über ein Waagebalkensystem. Zur Bremsenkühlung wurden zwei Luftschläuche vom Bugspoiler zu den vorderen Bremsscheiben geführt. Und natürlich sind auch Radnaben und Räder 934-spezifisch: verstärkte Radnaben mit Zentralverschlüssen und dreiteilige Magnesium-Räder von 16 Zoll Durchmesser (Breite vorn 10½ Zoll, hinten 12½ Zoll), bestückt mit Rennreifen der Formate 275/600×16 vorn und 325/625×16 hinten.
Zwar kam für den 934 die serienmäßige turbo-Rohkarosse-

▷
Porsche-Pokal anno 1976: In der Divison 1 der Deutschen Rennsport-Meisterschaft fuhren praktisch nur Porsche 934 gegeneinander – hier führt Reinhardt Stenzel im Reutlinger Max Moritz-Porsche (siehe auch Seite 112) vor Toine Hezemans und Bob Wollek das turbo-Feld ins Hockenheimer Motodrom.

MAX MORITZ PORSCHE

rie zur Verwendung, doch wurde die im Rahmen des Erlaubten modifiziert. So trägt sie an den Kotflügeln jeweils 50 mm breite und 100 mm hohe, aufgesetzte GfK-Verbreiterungen, die ihre Gesamtbreite vorn auf 1800 mm, hinten auf 1875 mm anwachsen läßt. Auch die 934-Bugschürze ist typisch. Kreuzförmige Verstrebungen im Kofferraum sowie Karosserieverstärkungen sollen zu höherer Torsions- und Biegesteifigkeit des Rennwagens beitragen. Zugunsten ausgeglichenerer Gewichtsverteilung wanderte der Öltank in den Kofferraum nach vorn, direkt neben den 120 Liter fassenden Sicherheitstank mit von außen zugänglichem Schnelltankverschluß. Außerdem Kofferraum-Inhalt: eine Feuerlöschanlage und die Batterie.

Betont karg gibt sich das 934-Cockpit: Armaturenbrett mit Drehzahlmesser, Ladedruck, Öldruck- und Öltemperaturanzeigen sowie Kontrollinstrumenten für Benzinsystem und Benzinsteuerdruck. Der Pilot nimmt auf einem von Porsche entwickelten Rennsitz Platz, gesichert durch einen Sechspunkt-Gurt und einen Überrollkäfig.

Der Porsche 934 schrieb deutsche Rennsport-Geschichte, die Division 1 der Deutschen Rennsportmeisterschaft wurde 1976 zum Porsche-Pokal, bei dem bis zu zehn 934 heute legendäre Schlachten austrugen, sich gegenseitig Siege so sehr streitig machend, daß der Deutsche Rennsportmeister schließlich aus der weniger heiß umkämpften Kleinen Division kam (es war Hans Heyer auf Ford Escort). Die Porsche-Teams? Gelo (Georg Loos) und Kremer aus Köln, Max Moritz aus Reutlingen. Die Fahrer? Toine Hezemans, Tim Schenken, Bob Wollek, Helmut Kelleners, Reinhardt Stenzel – Sie erinnern sich?

Bei mir jedenfalls blieben diese Kämpfe in der Erinnerung haften, sie boten traumhaften Motorsport. Und als jungem »Hilfs-Drifter« bei der Zeitschrift »sport auto« bot sich mir im Sommer 1976 gar die Möglichkeit, einen solchen Gruppe 4-Boliden direkt mit dem Straßen-turbo zu vergleichen. Es war ein unvergeßliches Erlebnis, trotz des eher turbo-ablehnenden Resümees – lesen Sie den damals in »sport auto« 8/1976 veröffentlichten, hier unwesentlich gekürzten Bericht.

Turbolenzen: Straßen-turbo und 934 im Vergleich

Reinhardt Stenzel, geschäftlich und auch privat im Porsche turbo unterwegs, mag ihn nicht, den turbo. »Der versaut mir meinen Fahrstil«, meint der Münchner und spricht damit gleich zwei heikle Porsche turbo-Kapitel an. Der Umgang mit den Aufgeladenen erfordert nämlich einen engagierten Piloten eigentlich widernatürlichen Fahrstil, so, wie ihn Mark Donohue während der Porsche-Can-Am-Epoche erfand. Donohue gewöhnte es sich an, aus Ecken viele kleine Geraden zu machen, darauf achtend, das Auto möglichst früh wieder geradezustellen, um erst dann fürchterlich aufzudrehen.

Wollte man Kurven heil bewältigen, war dies Verfahren unumgänglich, weil der Kompressor das bei Saugmotor-Rennern mögliche Lenken mit Hilfe des Gaspedals unterbindet. Der Ladedruck fördert die Leistung nicht kontinuierlich, sondern ab einer bestimmten Drehzahl fast schlagartig. Und dieser Schlag, das abrupte Einsetzen der Kraft, vereitelt feinfühliges Kurvenbalancieren durch wohldosierten Powereinsatz.

Probleme bereitet jedoch auch die Gegenaktion zum Aufdrehen, das Verzögern. Der turbo ist 175 kg schwerer als sein Carrera-Vorgänger der letzten Saison. Für den Fahrer bedeutet dies, Bremsmanöver beträchtlich früher einzuleiten, ein Grundsatz, der im harten Clinch nur allzu gern der Carrera-Spätbremsgewohnheit weicht, Ausritte sind dann nicht zu vermeiden.

Reinhardt eifert Donohue nach, gibt aber ungeduldig hin und wieder zu früh Gas oder bremst zu spät und hat dann Anlaß zur Selbstbeschimpfung. So in Hockenheim während unserer Testfahrten, als er dem Serien-turbo Rotationsmanöver abverlangte, oder am Wochenende darauf, wo er das Publikum während des Rheinpokal-Rennens mit Pirhouetten hinriß.

Deshalb trauert er intensiv seinem letztjährigen Arbeitsgerät nach, dem Saugmotor-Carrera, der, knapp 350 PS stark, nach Einführung des 500 PS-turbo weichen mußte. Denn im Motorsport gilt nicht Sympathie, sondern einzig Leistung. Und die hat der seit Anfang der Saison in der Gruppe 4 homologierte turbo zur Genüge. Er hat gar so viel davon, daß Porsche beim werksseitig vorgerüsteten und für über 107 000 DM vertriebenen Renn-turbo listig nur 485 PS angibt, um die Konkurrenz nicht von vornherein zu demoralisieren. ... Die hinter vorgehaltener Hand angegebene Leistung liegt denn auch bei 550 PS, wenngleich die Porsche eng verbundenen Teamchefs weiterhin auf knapp 500 PS beharren.

So auch Rudi Sauter vom Max Moritz-Team aus Reutlingen. Die Schwaben holten sich zu Beginn der Saison gleich zwei turbo aus dem nahen Zuffenhausen. ... Die Tüftler aus Reutlingen begnügten sich nicht mit dem angelieferten Wagenmaterial, sondern trachteten nach individueller Perfektion. So führten Fahrversuche am Nürburgring zu einer härteren Abstimmung der Bilstein-Dämpfer. Statt der hinteren 8 kg-Federn kamen 10 kg-Exemplare zum Einbau. MM erkannte zudem, daß sich die Außenbettbreite der hinteren BBS-Felgen von 5,5 Zoll auf 5,75 Zoll erweitern läßt, wovon die Spur um ein halbes Zoll profitiert, ohne das vorgeschriebene FIA-Maß zu überschreiten. ...

Drei Stabi-Dimensionen mit 18, 20 und 22 mm für vorn und hinten liegen zur Fahrwerksvariation bereit. Sämtliche Aufhängungen sind im Gegensatz zum teilweise gummigelagerten Carrera in Delrin-(Teflon)Buchsen oder metallgelagert. Dadurch wirkt das turbo-Fahrwerk wesentlich steifer als das des Carrera. Auf dem Bremsensektor sahen sich die in dieser Hinsicht bislang verwöhnten Porsche-Leute plötzlich ähnlichen Problemen gegenüber wie die Ford- und BMW-Mannen in der vergangenen Saison. Speziell für den bremsenmordenden Norisring verlangten die schweren Porsche diesmal einen Kühlaufwand, der dem der Capri und BMW nicht nachstand. So sorgte neben der üblichen Zwangsbelüftung Wasser und von einem separaten Gebläse zuvor durch den Ladeluftkühler geschickte Luft für rasches Ableiten der Bremshitze.

Obwohl der turbo rund 30 km/h schneller ist als der Carrera, verfügt er über einen Gang weniger. Es gilt deshalb, Abstufungskompromisse einzugehen, deren Perfektion sich mehr noch als zu Carrera-Zeiten in den erreichten Rundenzeiten manifestiert.

Am Motor beließen es die Reutlinger bei den üblichen Feinarbeiten. Natürlich verfügen die MM-Porsche über das berühmte Dampfrad am Armaturenbrett, mit dessen Hilfe sich der Ladedruck regeln läßt, und das sicherlich immer dann eine Verführung darstellt, wenn es um Zehntel für die Startaufstellung oder um entscheidende Meter vor dem Ziel geht. Offiziell fahren die MM-Piloten mit 1,35 atü. Höherer Druck bringt angeblich nichts, wenngleich es Konkurrenten gibt, die behaupten, bis zu 1,9 atü zu gehen. Solche Druckgeschäfte wirken sich naturgemäß auf die Lebensdauer des KKK-Kompressors aus. Das 2 000 Mark-Gerät hat bereits des Ruf eines Ex-und-Hopp-Utensils. Allein die MM-Autos fuhren nach dem dritten Rennen bereits mit dem dritten Lader. Zudem fordert der Kompressor von den Mechanikern exaktestes Arbeiten, geringste Undichtigkeiten, eine nicht richtig angezogene Schelle führen prompt zu Leistungsverlust. ...

Da MM vertraglich an das Haus Dunlop gebunden ist, rollte der Test-turbo hinten auf extrem weichen 325/625 × 16 der 554-Mischung, vorn auf relativ harten 275/600 × 16 der 450er Mischung. Für die Beschleunigungs-Messungen und im Hinblick auf die sport auto-Fahrprüfungen übersetzte MM-Chefmechaniker Scherf den Porsche vergleichsweise kurz. ... Damit reichten die Gänge bei einer Achsübersetzung von 7/41 und der Schaltdrehzahl 7000/min bis knapp 88, 133, 174 und 220 km/h.

Ein Vergleich der Beschleunigungszeiten zeigt die unterschiedlichen Charaktere der Carrera und turbo. Der rund 1300/min weniger drehende turbo spielt seine urgewaltige Kraft erst ab etwa 140 km/h aus, wenn er bereits zweimal (im ersten und zweiten Gang) die Möglichkeit hatte, im Ladebereich zu blasen. Der Wert bis 200 km/h stellt mit elf Sekunden einen neuen sport auto-Rekord dar. Selbst einem kräftig motorisierten Normalfahrer ist das Erleben solch gewaltigen Vortriebs fast ein Alptraum. Da drohen enorme Kräfte, den Kopf zum Rückfenster zu katapultieren, der Schaltarm gelangt nur unter Anstrengung zum Ganghebel, und selbst die Riemen des Sicherheitsgurtes drükken wie bei einer mittleren Bremsung.

Im Heck, eigentlich überraschend leise und vor allem von Karosserie-Resonanzen verstärkt, kreischt der Boxer, immer auf halbem Weg zwischen zwei Schaltmanövern von einem zischelnden Pfeifen des Laders überlagert. Selten bedurfte es zum Erreichen guter Werte solch mannigfacher Versuche wie beim turbo. Das Finden der optimalen Startdrehzahl, die einerseits den Motor nicht versacken läßt, andererseits nicht die Kupplung verheizt, scheint eine Wissenschaft zu sein. So erklärt sich das klägliche Bild eines

stehend startenden turbo-Feldes, das von etwa gleichzeitig ins Rennen gehenden Zweiliter-Saugern einfach überrollt wird.
Für die sport auto-Fahrprüfungen stellte sich Reinhardt Stenzel zur Verfügung. Zu berücksichtigen ist dabei, daß Reinhardt die ausgesprochen gewöhnungsbedürftigen Parcours zum erstenmal unter die Räder nahm und deshalb sowohl im Renn- als auch im Serien-turbo nicht optimal schnell sein konnte. ...

Fahrprüfungen

	Porsche turbo	**Porsche turbo 934**
Reifen	*Pirelli P 7*	*Dunlop Racing*
Reifenformat vorn	*205/50 VR 15*	*275/600 × 16*
hinten	*225/50 VR 15*	*325/625 × 16*
Kreistest (50 m Asphalt)	*55,4 km/h*	*61,1 km/h*
Wedeln (Poller-Abstand 36 m)	*104,8 km/h*	*109,1 km/h*
Slalom (Poller-Abstand 18 m)	*60,0 km/h*	*64,0 km/h*
Handling-Kurs	*80,7 km/h*	*87,1 km/h*
Kleiner Kurs Hockenheim	*1.23,4 min*	*1.14,6 min*

Beide Porsche drehten auf dem Kreis und beim 18 m-Slalom nicht im Laderbereich, der beim Straßen-turbo bei 4000/min, beim Renn-turbo bei 5200/min beginnt. Dadurch gestalteten sich diese Prüfungen ohne laderspezifische Probleme. Gleichwohl zeigte sich im Kreis, wie Porsche der gegebenenfalls spontan an der Hinterhand einsetzenden Kraft Herr zu werden versucht: durch unter normalen Fahrzuständen geradezu fronttriebsmäßiges Untersteuern. Der Serien-turbo schiebt stur über die Vorderräder und kann diese Eigenart auch beim Slalom nicht verleugnen. Hier vermag das neutralere Eigenlenken der Rennversion mehr zu befriedigen, zumal sie bei leichtem Gaslupfen spontan und fahraktiv in die Kurve giert. Erschreckend jedoch die enorm hohen Haltekräfte am Lenkrad, die erklären, warum sich immer mehr Spitzenpiloten unter die Fittiche von Sport-Therapeuten begeben.Im Vergleich zum Renn-Kraftsportler fährt sich die zivile Version fast wie ein Spielzeug, zumindest was die erforderlichen Kräfte betrifft. Gleichwohl zeigt sich das 260 PS-Gerät beim rennmäßigen Fahren auf dem Kleinen Kurs in Hockenheim kaum weniger problematisch. Es gilt in Kurven, höllisch darauf zu achten, entweder unter 4000/min die Runde zu zirkeln, oder aber schon von Anbeginn mit Laderunterstützung zu driften. Das Überschreiten der 4000/min-Marke in der Kurve führt fast unweigerlich zum Dreher, wobei der Ladereinsatz von Exemplar zu Exemplar unterschiedlich abrupt zu erfolgen scheint, wie ein Vergleich mit Stenzels viel gutmütiger zu bewegendem Privat-turbo zeigte.
Prinzipiell ähnlich bei naturgemäß weit höheren Quer- und Längsbeschleunigungen verhält sich der Gruppe 4-Renner. Allerdings ist bei diesem die anfängliche Untersteuer-Tendenz weit weniger ausgeprägt. Eine Überraschung: das ausgesprochen kultivierte Laufverhalten, hat man die bereits angesprochene kritische Anfahrphase überwunden. Der Renn-turbo besticht durch eine geradezu zivile Elastizität, die es erlaubt, auch aus Drehzahlen unter 3000/min ruckfrei zu beschleunigen, was die Porsche-Entscheidung, auf einen fünften Gang zu verzichten, beleuchtet.
Beim Erreichen der 5200/min-Marke empfiehlt es sich dringend, die Vorderräder geradezustellen, will man einen zünftigen Dreher auf der Geraden vermeiden. Was dabei passiert, ist dazu geeignet, Enthusiasten in einen Rausch zu versetzen: die schiere Gewalt. So freut man sich im Gruppe 4-turbo wie im Serien-Porsche nicht auf Kurven, sondern einzig auf Geraden, wo das Aufdrehen zur Orgie gerät.
Zur rennmäßigen Handhabung weist der Renn-turbo Arbeitsplatz-Modifikationen auf, die auch dem Serien-turbo gut zu Gesicht stehen würden. So wich die Serienpedalerie einer fast niveaugleichen Brems- und Gasbetätigung. Die Schaltung, im Serienauto eine Spur zu hakelig, elastisch und langwegig, wurde in der Rennversion durch das Vierganggetriebe vom Typ 930/25 ersetzt, das sich exakt und mit besonders kurzen Wegen schaltet. ...

Reinhardt Stenzel, zum turbo verdammt, wünschte am Norisring den 75er Saugmotor-Carrera zu fahren. Doch Reinhardt fuhr in Nürnberg wieder den turbo, denn Rennfahren soll nicht Spaß bereiten, sondern Erfolg bringen. Eben den sichert im turbo-Feld einzig ein turbo: Fuhr Stenzel 1975 im breitbereiften Carrera in Hockenheim (Großer Kurs) noch 2.17,9 min, so kam er im turbo 1976 auf 2.14,7 min. Am Nürburgring steht das Verhältnis 8.24,2 min zu 8.16,6 min für den turbo.

Auf der Straße jedoch zählen nicht Sekunden zur Bewältigung der Hausstrecke, sondern der dabei empfundene Fahrspaß. Und in dieser Hinsicht ist der Carrera überlegen, hält man nicht, wie manche turbo-Fans, die nicht geschwindigkeitsgeregelte Autobahn für die einzig brauchbare Verbindung von A nach B.

Tuning ab Werk: der 930/66 S

Extrawurst nach Art des Hauses

Noch sportlicher – sozusagen für die Gußeisernen«, so umschreibt Porsche-Kundendienstchef Rolf Sprenger die Ambitionen der ihm unterstellten Sonderwunsch-Abteilung in Sachen 911 turbo. Erste schüchterne Versuche in diese Richtung wurden bereits zu Zeiten des Dreiliter-turbo unternommen – Elmar Willrett, im Hause Porsche für Sonderwünsche zuständig: »ein anderer Lader, etwas mehr Leistung ...«

Doch so richtig in turbo-Schwung kam die im Porsche-Backsteinbau angesiedelte Sonderwunsch-Hexenküche erst nach Einführung des gegenüber dem Dreiliter ohnehin schon 40 PS stärkeren 3,3-Liter – wenn auch nach einiger Bedenkzeit. Im Herbst 1980, also drei Jahre nach Einführung des Super-turbo, fiel beispielsweise der Startschuß zur Entwicklung des »Flachschnauzers« – »gegen Widerstände unserer damaligen Styling-Abteilung«, vermerkt Sprenger heute vergnügt. Im Juli 1981 stand der erste Werks-»Flachschnauzer« auf dem Werkstatt-Hof zu Zuffenhausen.

»Flachschnauzer«? »Einige Kunden«, erläutert Willrett die Hintergründe der Sonderwunsch-Spezialkarosserie, »wollten sozusagen einen 935 für die Straße.« Zumindest optisch konnte König Kunde da geholfen werden. Wie beim Gruppe 5-turbo wurden die charakteristischen, vorn in die Scheinwerfer auslaufenden vorderen Kotflügel gestutzt, so daß sie wie der Frontdeckel nach vorn zur Stoßstange abfallen. Statt mit den typischen Elfer-Scheinwerfern leuchten die Flachbau-turbo alternativ mit freiliegenden Rechtecklampen unterhalb der Stoßstange oder mit Klappscheinwerfern. In Kombination mit der Flachbau-Front kommt ein modifizierter (auch solo erhältlicher) GfK-Bugspoiler mit Mittelölkühler und Weitstrahlern zum Einsatz. Alles zusammen – übrigens auch für die Saugmotor-Elfer zu haben – kostete 1985/86 38 865 Mark, sofern ein Neuwagen Verwendung fand.

Damit war das Karosserie-Modifikationsprogramm freilich noch nicht ausgeschöpft. Schwellenverkleidungen für links und rechts kosteten inclusive Anbau 3 250 Mark, Radhausentlüftungen, oben in die Flachbaukotflügel integriert, 2 470 Mark. Letztere sollen laut Elmar Willrett durch Abbau des Staudrucks in den vorderen Radhäusern eine Reduzierung des Vorderwagen-Auftriebs bewirken.

Eine spezielle Bedeutung haben die gleichfalls gegen weiteren Aufpreis von 7 955 Mark lieferbaren Lufteinlaßschächte

Produkt der Porsche-Sonderwunschabteilung in Zuffenhausen: der Flachschnauzer nach dem Muster der 935-Rennversion...

in den hinteren Kotflügeln. Sie führen bei den US-»Flachschnauzern« Kühlluft zu den beiden in diesen Schächten angeordneten Zusatzölkühlern. Auf den speziellen Bugspoiler mit Mittelölkühler mußten amerikanische Flachbau-Kunden nämlich verzichten – Willrett: »Bei US-Flachbauten entsprechen die Frontschürzen der Serie, notwendig wegen der Crashtest-bedingten speziellen US-Stoßstangen.«

...Es gab diesen Umbau mit feststehenden Hauptscheinwerfern (Fotos) und mit Klappscheinwerfern, wie ihn der Porsche-Prospekt auf der Seite gegenüber zeigt. Letzterer weist überdies üppige Schwellenverkleidungen und Lufteinlaßschächte vor den Hinterrädern für Zusatzölkühler auf.

Einige Ergänzungen in Eleganz und Substanz zur Betonung der besonderen Porsche-Stilistik.

Some complements of elegance and substance to accent the special style of Porsche.

② *EXC 021 Bugspoiler mit Mittelölkühler*
EXC 021 Front spoiler with center oil cooler

③ *EXC 010 Flachbau mit Klappscheinwerfer, Bugspoiler mit Mittelölkühler*
EXC 010 Flat nose version with tilt up headlights, front spoiler with center oil cooler
EXC 011 Einstiegverkleidungen
EXC 011 Entrance panels
EXC 012 Lufteinlaßschächte
EXC 012 Air intake ducts
EXC 013 Radhausentlüftung
EXC 013 Wheel house ventilation slots

④ *EXC 012 Lufteinlaßschächte an hinteren Kotflügeln*
EXC 012 Air intake ducts on rear fenders

⑤ *EXC 023 Bugspoiler mit geändertem Lufteinlaß für Mittelölkühler*
EXC 023 Front spoiler with modified air intake ducts for center oil cooler

linke Seite:
EXC 024 Mittelkonsole „C"
left side:
EXC 024 Center console "C"

Gleichwohl ging die Mehrzahl aller bis 1988 zunächst in der Abteilung Verkauf/Reparatur (VR) bei Rolf Sprenger, angesichts des Erfolgs dann in größerem Rahmen in einer der normalen Produktionslinie angegliederten Werkstatt gebauten Werks-»Flachschnauzer« in die USA. Und so verteilte sich die Produktion der ganz speziellen turbos:

58 turbo Flachbau ohne Klappscheinwerfer und
204 turbo Flachbau mit Klappscheinwerfer wurden in der Abteilung VR gebaut;
630 turbo Flachbau mit Klappscheinwerfer wurden für den US-Markt und
56 turbo Flachbau mit Klappscheinwerfern wurden für den Rest der Welt serienmäßig gebaut.

Insgesamt entstanden also in Zuffenhausen exakt 948 »Flachschnauzer«-turbos. Alle US-Exemplare entsprachen übrigens motortechnisch den Serien-turbos für den US-Markt – die leistungsgesteigerten 930/66 S-Triebwerke blieben den Ländern vorbehalten, die zur turbo-Zeit noch keinen Katalysator-Zwang kannten.

Der Super-Super-turbo entstand in Cooperation von Motorenentwicklungs-Abteilung in Weissach und Kundendienstabteilung in Zuffenhausen. 80 Stunden-Dauerläufe in Tests

Trägt beim Sonderwunsch-Motor 930/66 S mit zur Leistungssteigerung um 30 PS bei: Vierrohr-Auspuffanlage.

auf dem Hochgeschwindigkeits-Kurs von Nardo in Süditalien mußte der Spezial-Motor genauso überstehen, wie Serien-Triebwerke – schließlich wurde auf die Sonderwunsch-Motoren die ganz normale Serien-Garantie gewährt. Zehn Prozent mehr als der Serien-3,3 Liter leistet der 930/66 S offiziell – doch in der Realität waren es noch eine stattliche Anzahl Pferde mehr als »nur« deren 330. Sprenger: »Wir haben die erlaubte Streubreiten-Toleranz von 5 Prozent ausgenützt.« Und was dann tatsächlich auf die Hinterräder einwirkte, das verrät Elmar Willrett nicht ohne Stolz: »Jeder hatte rund 346 PS.«

Wie aber wurde dieses stolze Plus erreicht? Willrett zählt auf: »Zunächst einmal ein geänderter Ladeluftkühler mit größerem Volumen, dann ein größerer Lader vom Typ K 27 mit einem geänderten Verdichtergehäuse, modifizierte Druck/Saugrohre und eine spezielle Vierrohr-Auspuffanlage.« Nicht verändert wurde der Ladedruck. Die Feder im Abblaseventil entspricht dem Serienstandard. Je nach Außentemperatur kommen so 0,75 bis 0,8 bar Ladedruck zustande.

21 950 Mark, später 25 000 Mark kosteten die zusätzlichen 46 PS, zu denen sich zwangsweise Kosten für den GfK-Bugspoiler mit Mittelölkühler (zusammen 9 420 Mark) und für ein geändertes Heckabschlußblech und geänderte Heckkotflügelunterteile (851 Mark) addierten.

Grundsätzlich konnte der Spezial-Motor, von dem ab 1981 rund 400 Stück entstanden, ohne weitere Fahrwerksänderungen verwendet werden. Einzig das Reifen-Fabrikat (Dunlop) und die (ab Modell '86 ohnehin serienmäßigen) Reifen-Formate (nämlich vorn 205/55 VR 16 auf Siebenzöllern, hinten 245/45 VR 16 auf Neunzöllern) machte Porsche zur Bedingung.

Dennoch konnten besonders kompromißlose turbo-Heizer auch ein spezielles Sonderwunsch-Fahrwerk ordern, dessen Abstimmung wiederum der Weissacher Fahrversuch ermittelt hatte – wie bei Porsche üblich, auch auf der Nürburgring-Nordschleife. Straffere Bilstein-Stoßdämpfer, härte Stabis (vorn 22 mm, hinten 20 mm – die ab Modell '85 Serienstandard wurden), hinten statt 28 mm-Distanzscheiben solche mit 35 mm Dicke, Tieferlegen innerhalb der Werkstoleranzen (HA um 2–3 Grad, Angleichen der VA) sind die Maßnahmen des Spezial-turbo-Fahrwerkes, das mit knapp 4 000 Mark vergleichsweise preisgünstig in Rechnung gestellt wurde.

Alle aufgeführten Maßnahmen an Motor, Fahrwerk und Karosserie veredelten übrigens mehrere kleine Sonderserien, die der britische Porsche-Importeur in Zuffenhausen Mitte der 80er Jahre bestellte. Gegen den Widerstand der Stuttgarter Marketingabteilung nannte er diese durchweg rechtsgelenkten Über-turbos 930 S – damals bereits zügig verkaufte und oftmals über Neupreis weiterverkaufte (Spekulations-)Objekte.

Die Summe aller turbo-Sonderwünsche orderte freilich ein Mann, der bei Porsche auch in Sachen Formel 1 viel Geld liegen ließ: Mansour Ojjeh, TAG-Chef und Mitinitiator des Porsche-V6 für den McLaren-F 1.

Der turbo und seine Fahrleistungen

Die Legende in Zahlen

Daß der Typen-Begriff »Turbo« bis in heutige Tage bei Automobil-Enthusiasten für gesteigerte Adrenalin-Produktion sorgt, daran trägt der turbo von Porsche die Hauptverantwortung. Er setzte von Beginn seiner Produktion an die Maßstäbe in Sachen Beschleunigungs-Temperament, er war es, der das raketenhafte Sprintvermögen reiner Rennwagen für den alltäglichen Straßengebrauch »kultivierte«. Wenn der turbo-Schub des Super-Porsche einsetzt, dann bleibt sensiblen Passagieren für einen Moment die Luft weg – obwohl das Schub-Ereignis bei diesem Porsche zumindest auf trockener Piste nicht mit quitschendem Gummi verbunden ist. Tatsächlich wird die Kraft beim Porsche turbo nicht zuletzt deshalb so brüsk in Vortrieb umgesetzt, weil die Antriebsräder dank des sie belastenden Sechszylinders mit phänomenaler Traktion aufwarten.

Interessant in der Fahrleistungs-Geschichte des turbo ist der Umstand, daß sein reines Beschleunigungs-Potential im Laufe seiner Entwicklung keine grundlegende Erweiterung erfuhr. Im Grunde genommen war der erste (und eben auch leichtgewichtigste) turbo gegenüber seinen zwar nominell stärkeren, aber eben auch Fett ansetzenden Nachfolgern das eindrucksvollere Naturereignis. Mitte der 70er Jahre gab es noch keine Ferrari F 40 oder Quattrovalvole-Countach von Lamborghini, die dem Zuffenhausener bei Norm-Beschleunigungen die Schau hätten stehlen können. Den 1974 in Kleinstauflage für Sportzwecke produzierten Carrera RS 3.0 traf der Normalbürger auf der Normalstraße nie an. Und es gab auch noch keinen VW Golf GTI, der mit etwas Fahrkönnen die magische Zehnsekunden-Marke für den Sprint aus dem Stand bis 100 km/h zum volkstümlichen Preis unterschritt. Zu dieser Zeit, 1975, brach der Porsche turbo (zumindest im »auto motor und sport«-Test) bereits die 20 Sekunden-Schallmauer für das Erreichen der 200 km/h-Marke. Die nachfolgenden Tabellen führen die dem Autor zugänglichen turbo-Fahrleistungswerte auf, wobei nicht zuletzt der Vergleich europäischer Werte mit amerikanischen Werten von abgasentgifteten und leistungsschwächeren turbos interessant ist. Als weitere Relationen seien die wiederum »auto motor und sport« entnommenen Werte für die Beschleunigung von 0–100 km/h und von 0–180 km/h sowie die V_{max} der jeweils zeitgenössischen,

leistungsstärksten Sauger-911 aufgeführt, nämlich:
Modelljahr* 1974 – Carrera RS 3.0 mit 230 PS:
5,2/17,7 sec/238,4 km/h;
Modelljahr 1975 – Carrera 2.7 mit 210 PS:
6,1/19,9 sec/238,4 km/h;
Modelljahr 1976 – Carrera 3.0 mit 200 PS:
6,1/19,7 sec/235,3 km/h;
Modelljahr 1978 – SC mit 180 PS: 6,7/23,3 sec/223,6 km/h;
Modelljahr 1980 – SC mit 188 PS: 6,6/23,8 sec/230,8 km/h;
Modelljahr 1981 – SC mit 204 PS: 5,9/19,1 sec/240,0 km/h;
Modelljahr 1984 – Carrera mit 231 PS:
5,8/17,8 sec/254 km/h.

Der Dreiliter-turbo

Zeitschrift	ams[1]	AC[2]	RTe[3]	RTr[4]	MT[5]	spa[6]
Monat/Jahr	5/75	9/75	10/75	1/76	4/76	8/76
Motortyp	930/50	930/50	930/50	930/51	930/51	930/50
Leistung PS	260	260	260	245	245	260
Gewicht kg	1210	1248	1210	1263	1275	1140
Beschleunigung in sec.						
0– 40 km/h	1,8	–	–	–	–	2,2
0– 48 km/h*	–	2,8	2,1	3,8	2,8	–
0– 60 km/h	2,6	–	–	–	–	3,0
0– 80 km/h	3,6	–	–	–	–	4,1
0– 96 km/h*	–	6,1	4,8	6,7	6,1	–
0–100 km/h	5,2	–	–	–	–	5,6
0–120 km/h	7,0	–	–	–	–	7,5
0–128 km/h*	–	9,0	7,8	9,9	8,9	–
0–140 km/h	8,8	–	–	–	–	9,6
0–160 km/h*	11,8	14,5	11,8	15,3	13,8	12,3
0–180 km/h	15,0	–	–	–	–	15,9
0–192 km/h*	–	21,3	18,3	–	–	–
0–200 km/h	19,8	–	–	–	–	21,0
V_{max} km/h	250,0	246,0	248,0	249,6	248,0	245,0

Der 3,3 Liter-turbo

Zeitschrift	ams[1]	RTr[4]	Mo[7]	spa[6]	AC[2]
Monat/Jahr	1/78	6/78	5/79	7/82	4/83
Motortyp	930/60	930/61	930/60	930/60	930/66
Leistung PS	300	265	300	300	300
Gewicht kg	1300	1343	1308	1300	1348
Beschleunigung in sec.					
0– 48 km/h*	–	1,9	2,2	–	2,0
0– 60 km/h	2,8	–	2,6	2,4	–
0– 80 km/h	3,9	–	3,6	–	–
0– 96 km/h*	–	5,0	5,3	–	5,1
0–100 km/h	5,4	–	5,5	5,4	–
0–120 km/h	7,1	–	7,0	6,9	–
0–128 km/h*	–	7,7	7,8	–	7,7
0–140 km/h	9,2	–	9,2	–	–
0–160 km/h*	12,0	11,9	12,2	12,1	12,2
0–180 km/h	15,1	–	15,3	15,4	–
0–192 km/h*	–	–	19,1	–	17,8
0–200 km/h	19,7	–	–	20,5	–
V_{max} km/h	260,9	249,6	257,6	260,9	261,0

* 48 km/h = 30 mph; 96 km/h = 60 mph; 128 km/h = 80 mph; 160 km/h = 100 mph; 192 km/h = 120 mph
1) »auto motor und sport«/Deutschland; 2) »Autocar«/England; 3) »Road Test«/Australien; 4) »Road & Track«/USA; 5) »Motor Trend«/USA; 6) »sport auto«/Deutschland; 7) »Motor«/England.

* Modelljahrgänge gehen bei Porsche im Herbst des Vorjahres in Produktion.

Der turbo und seine Preis-Entwicklung

Statussymbol Spitzenpreis

Mit dem turbo hatten die Porsche-Marketingmanager ein Modell im Programm, das von manchen nicht nur wegen seiner Höchstleistung gekauft wurde, sondern auch wegen seines Höchstpreises. Er war der Boß im Porsche-Programm, wer in kaufte, kaufte das Image mit, den teuersten Straßen-Porsche erworben zu haben – das verschaffte diesem Typ auch in solchen Kreisen Respekt, die sich einen Porsche nicht allein des Fahrens, sondern auch des Renommierens wegen zulegten. So war der turbo-Preis stets auch ein politischer Preis, in seiner Höhe im Vergleich zum jeweils stärksten Sauger nicht ganz gerechtfertigt, von der zahlungskräftigen Klientel aber schon deshalb ohne Murren hingenommen, weil die Preisdifferenz beim Verkauf (prozentual) in etwa erhalten blieb. In der Tat war ein Porsche turbo in Sachen Wiederverkaufswert schon in Zeiten ein relativ vernünftiger Kauf, als der Kauf eines Ferrari die schnellste und effektivste Möglichkeit war, binnen weniger Fahrkilometer fünfstellige Summen zu vernichten.

Ganz zum Schluß seiner Karriere geriet der Ur-turbo gar in den Spekulations-Sog, als so mancher Liebhaber und Spekulant der (im Nachhinein falschen) Meinung war, sowas käme nie wieder: Allein für bestätigte turbo-Verträge wurden in seinem letzten Baujahr 40 000 bis 50 000 Mark Aufgeld bezahlt. Gerüchte um den neuen turbo 2 brachten solche Geschäfte freilich bereits Anfang 1990 zum Erliegen – ein teures Auto ist ein gebrauchter Alt-turbo indessen nach wie vor.

Die nachfolgend aufgeführte Preis-Entwicklung zeigt deutlich, wie der turbo-Preis im ersten Jahr sehr vorsichtig (im Zeichen der sogenannten Energiekrise) und womöglich rein kaufmännisch unter Berücksichtigung des tatsächlichen Mehraufwandes kalkuliert worden war. Als sich der für das Porsche-Management unerwartete Erfolg des turbo einstellte, zogen die Zuffenhausener Preisgestalter mutig die Schraube an, um in den Folgejahren bis Anfang der 80er Jahre Kontinuität in Relation zum Saug-911 zu wahren. 1983 wurde der turbo zwar teurer, zugleich aber auch in Relation zur Basisvariante gegenüber den turbo-Vorjahrgängen billiger. Wer diese Entwicklung in Bezug zu den Produktions-Zahlen sieht, erkennt die mögliche Ursache: nämlich schwindender Absatz Anfang der 80er Jahre, der die Porsche-Mannen mit relativ höherer Preis-Attraktivität zu begegnen gedachten.

Und so entwickelte sich der turbo-Preis über die Jahre, wobei die Übersicht hinter dem Schrägstrich um die Preise des jeweils teuersten, serienmäßigen Sauger-911 in Coupéform ergänzt ist – und um eine Prozentzahl in Klammern. Letztere sagt aus, um wieviel Prozent der turbo jeweils teurer war, als sein teuerstes Saugmotor-Pendant in Grundausstattung. Alle Preise gelten für jeweils Mitte des entsprechenden Jahres.

1976	– DM 67 850,-/DM 46 350,- (46,4 %)
1977	– DM 78 500,-/DM 39 900,- (96,7 %)
1978	– DM 79 900,-/DM 42 950,- (86,0 %)
1979	– DM 82 950,-/DM 46 950,- (76,7 %)
1980	– DM 85 950,-/DM 49 900,- (72,2 %)
1981	– DM 89 900,-/DM 51 850,- (73,4 %)
1982	– DM 96 400,-/DM 55 690,- (73,1 %)
1983	– DM 102 000,-/DM 61 950,- (64,6 %)
1984	– DM 111 000,-/DM 66 950,- (65,8 %)
1985	– DM 119 000,-/DM 72 000,- (65,3 %)
1986	– DM 125 000,-/DM 75 250,- (66,1 %)
1987	– DM 131 000,-/DM 80 500,- (62,7 %)
1988/89	– DM 135 000,-*/DM 83 700,- (61,3 %)
1990	– DM 178 500,-**/DM 108 920,-** (63,9 %)

* Preis für turbo targa: DM 142 000,-; für turbo Cabriolet: DM 156 500,-.
** turbo 2 bzw. Carrera 2.

Der turbo in der Produktions-Statistik

Alle Erwartungen übertroffen

Er gab sein Debut, als in Deutschlands Zeitungen und Zeitschriften das Energiekrisen-Gespenst beschworen wurde. Schnelle, teure (und trinkfeste) Automobile schienen von gestern – kaum jemand gab dem 260 PS-Monster von Porsche eine reelle Chance. Doch der turbo setzte sich durch, geriet zur Marketing-Überraschung, auf höherer Ebene ähnlich der des anfangs von Verkaufs-Strategen völlig unterschätzten VW Golf GTI aus Wolfsburg. Das Gefühl, den stärksten Straßen-Porsche seiner Zeit zu fahren und zu besitzen, lockte Sportwagen- wie Luxus-Freunde: In seiner von allen unerwartet langen Karriere animierte der turbo zwischen 1975 und 1989 weit über 20 000 Automobil-Enthusiasten, rund zwei Drittel mehr für ihn zu bezahlen, als dies für einen »ordinären« Sauger-911 nötig gewesen wäre (vergleiche auch Preis-Entwicklung auf Seite 124).
Zweifellos brachte der turbo Geld in die Porsche-Kasse. Sein Preis war modellpolitisch bestimmt und orientierte sich weniger am Aufwand als im Falle 911. Und dank seiner Anspruchslosigkeit gedieh der turbo auch in Sachen Gewährleistungs-Ansprüche zum Musterknaben. So verwundert es nicht, daß 1989 allgemeines Wehklagen in der Sportwagen-Gemeinde anhob, als publik wurde, die turbo-Produktion werde eingestellt. »Sowas kommt nie wieder«, meinte wohl mancher, als er schnell noch einen bestellte, oder sich gar mit Aufpreis einen aus zweiter Hand sicherte. Tatsächlich lief der turbo alter Bauart in seinem letzten Produktionsjahr nochmals zu großer Form auf: Mehr turbos als 1989 wurden weltweit nur in den Jahren 1986 und 1987 verkauft.

Die turbo-Produktion in Zahlen

Der Dreiliter

Jahr*	RDW**	USA	Gesamt
1975	274	–	274
1976	653	520	1 173
1977	712	717	1 429
3.0 Gesamt	1 639	1 237	2 876

* jeweils Modelljahrgang, Produktion beginnt in der Regel schon im September/Oktober des Vorjahres.
** Rest der Welt inklusive Deutschland.

Der 3,3-Liter

Jahr*	RDW**	USA	Gesamt
1978	778	452	1 230
1979	832	742	1 574
1980	830	438	1 268
1981	668	53	721
1982	888	39	927
1983	955	5	960
1984	744	17	761
1985	1 003	25	1 028
1986	1 140	1 350	2 490
1987 Coupé	660	1 573	2 233
1987 Targa	9	28	37
1987 Cabrio	82	129	211
1987 Gesamt	751	1 730	2 481
1988 Coupé	617	641	1 258
1988 Targa	76	81	157
1988 Cabrio	182	531	713
1988 Gesamt	875	1 253	2 128
1989 Coupé	797	579	1 376
1989 Targa	55	49	104
1989 Cabrio	184	540	724
1989 Gesamt	1 036	1 168	2 204
3,3 Coupé	9 912	5 914	15 826
3,3 Targa	140	158	298
3,3 Cabrio	448	1 200	1 648
3.3 Gesamt	10 500	7 272	17 772
turbo Gesamt	**12 139**	**8 509**	**20 648**

* jeweils Modelljahrgang, Produktion beginnt in der Regel schon im September/Oktober des Vorjahres.

** Rest der Welt inklusive Deutschland.

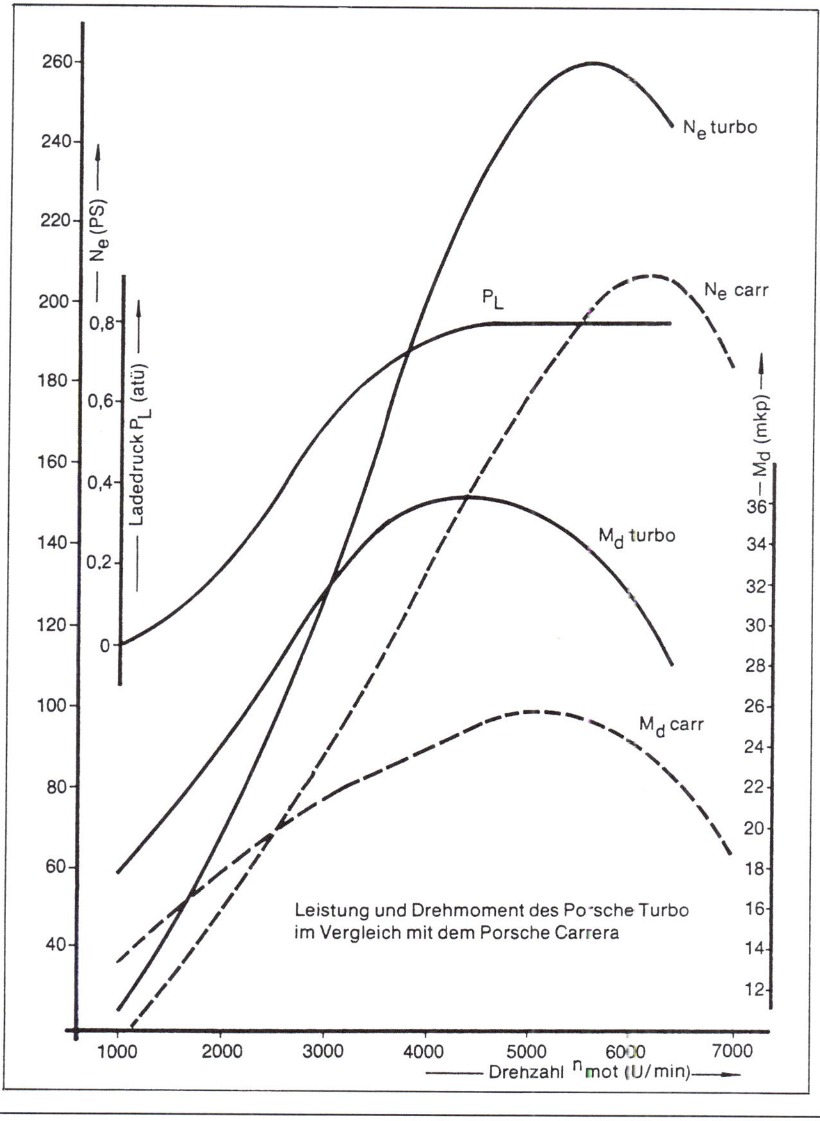

Leistung und Drehmoment des Porsche Turbo im Vergleich mit dem Porsche Carrera

Anhang: Technische Daten und Statistiken

Der turbo am Anfang: Porsche 911 turbo (1975–1977, Euro-Version)

Motor: interne Bezeichnung 930/50; Sechszylinder-Boxer, längs hinter der Hinterachse eingebaut; Bohrung × Hub 95 × 70,4 mm, Hubraum 2993 cm³, Verdichtungsverhältnis 6,5 : 1; Leistung 260 PS (191 kW) bei 5500/min, maximales Drehmoment 35 kpm (343 Nm) bei 4000/min, zulässige Höchstdrehzahl 6800/min, Abschaltdrehzahl des Drehzahlbegrenzers 7000/min ± 200/min, Literleistung 86,7 PS/L, mittlere Kolbengeschwindigkeit bei Nenndrehzahl 12,9 m/s, Kraftstoffoktanzahlbedarf 96; zweiteiliges Kurbelgehäuse aus Al Si-Legierung, geschmiedete, achtfach gleitgelagerte Stahlkurbelwelle, geschmiedete Aluminium-Kolben, Leichtmetall-Nikasil-Zylinder, Leichtmetall-Zylinderköpfe mit jeweils einer obenliegenden, vierfach gleitgelagerten Nockenwelle, Nockenwellenantrieb durch Kette, Ventilsteuerzeiten: Einlaß öffnet 3 Grad nach OT, schließt 37 Grad nach UT, Auslaß öffnet 29 Grad vor UT, schließt 3 Grad vor OT, jeweils ein Einlaß- und ein Auslaßventil (V-förmig hängend) pro Brennraum, Ventiltellerdurchmesser Einlaß 49 mm, Auslaß 41,5 mm, Auslaßventile natriumgefüllt, pro Ventil zwei Schraubenfedern; Luftkühlung durch Axialgebläse auf der Lichtmaschine, Gebläseantrieb durch Keilriemen von der Kurbelwelle, Übersetzung Kurbelwelle/Gebläse 1 : 1,67; Trockensumpfschmierung, Thermostat-geregelte Ölkühlung durch Ölkühler am Kurbelgehäuse im Gebläseluftstrom und zusätzliche Kühlrohrschlange, Ölfilter im Hauptstrom, Öldruck bei 5500/min und 80 Grad Öltemperatur ca. 4 bar, Gesamtölmenge des Systems 13 Liter, Ölwechselmenge

Getriebeschaubild Porsche Turbo 4-Gang

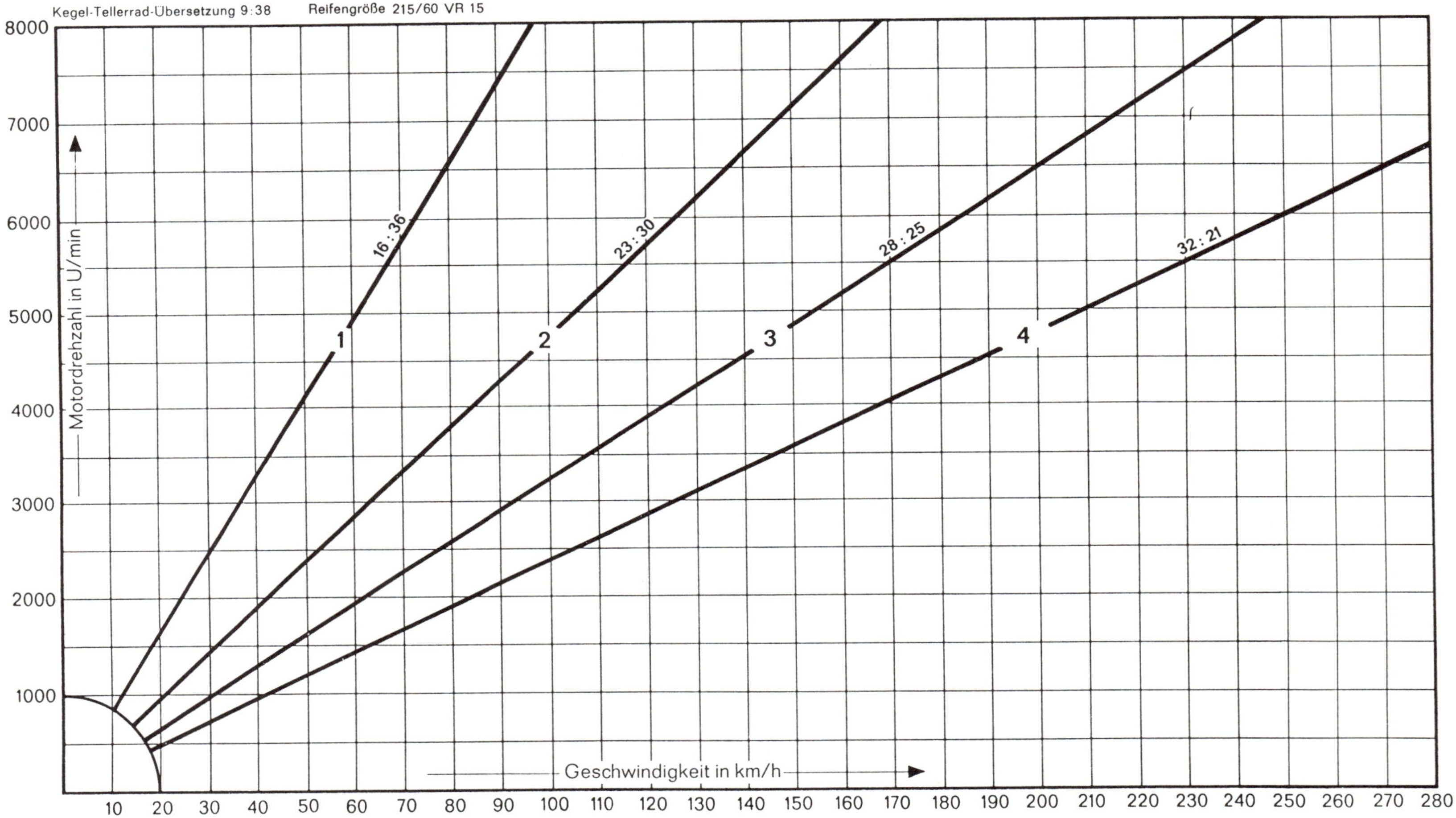

10 Liter; Kraftstoff-Förderung durch zwei elektrische Rollenzellenpumpen, Tankvolumen 80 Liter, davon 8 Liter Reserve (Tank im Bug angeordnet), Kraftstoffaufbereitung durch Bosch K-Jetronic, Abgasturbolader KKK Typ 3 LDZ, maximaler Ladedruck 0,8 bar; kontaktlos gesteuerte Bosch BHKZ-Zündung, Batteriespannung 12 Volt, Batteriekapazität bei Präsentation 36 Ah, in Serie 66 Ah, Drehstromlichtmaschine 980 W, Zündkerzen Bosch W 280 P 21, Elektrodenabstand 0,7 mm, Zündfolge 1–6-2–4-3–5.

Kraftübertragung: Antrieb auf die Hinterräder, Einscheiben-Trockenkupplung, Durchmesser der Druckplatte 240 mm, Anpreßkraft 887–979 kp; vollsynchronisiertes Vierganggetriebe mit Mittelschalthebel, interne Bezeichnung 930/30 (Achsübersetzung 9/38) bzw. 930/32 (Achsübersetzung 9/36), Übersetzungen 1. Gang 2,25:1 (16/36), 2. Gang 1,3043:1 (23/30), 3. Gang 0,8929:1 (28/25), 4. Gang 0,6563:1 (32/21), Rückwärtsgang 2,4375:1 (16/39), Achsübersetzung 4,222:1 (9/38) bei Serienbereifung (Serie

Zum Vergleich: Getriebe-Typ 930/30 (oben) und 930/32 (Seite 131).

Getriebeschaubild 4-Gang-Getriebe

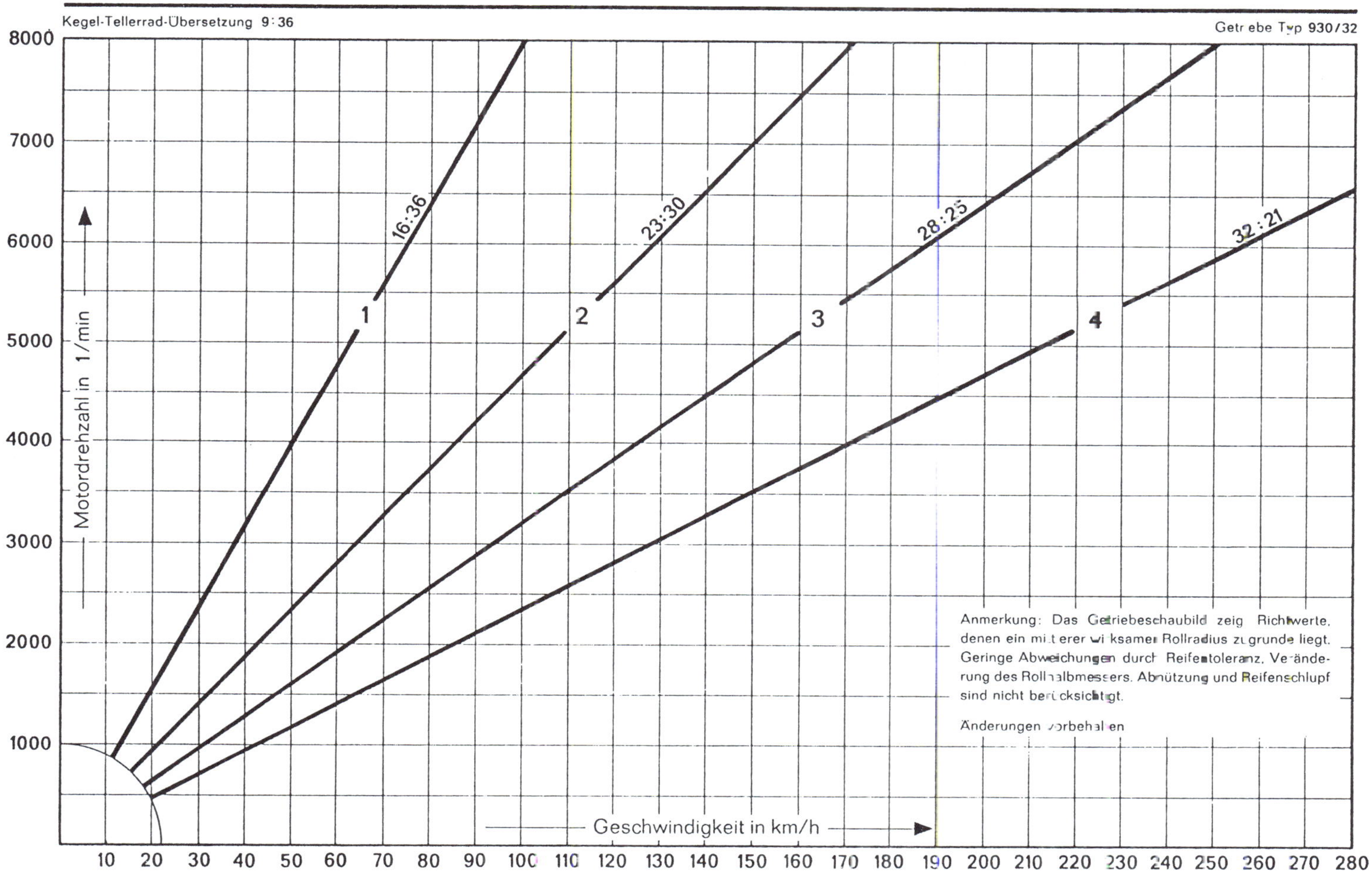

70/60), 4,000:1 (9/36) bei Serie 50–Bereifung, auf Sonderwunsch Sperrdifferential mit 40 % Sperrwirkung, Steigleistungen (errechnet bei DIN-Leergewicht) 1. Gang über 100 %, 2. Gang 47 %, 3. Gang 27 %, 4. Gang 16 %; Getriebe-Ölinhalt 3,7 Liter.

Fahrwerk: selbsttragende Stahl-Karosserie, vorn Einzelradaufhängung an Querlenkern und Dämpferbeinen, je Rad eine runde, in Fahrtrichtung angeordnete Drehstabfeder (Durchmesser 18 mm), querliegender Stabilisator (Durchmesser 18 mm), hinten Einzelradaufhängung an Schräglenkern, je Rad eine runde, querliegende Drehstabfeder (Durchmesser 26 mm), querliegender Stabilisator (Durchmesser 18 mm), Bilstein-Gasdruckstoßdämpfer rundum; ZF-Zahnstangenlenkung, Lenkübersetzung 17,78:1, Lenkradumdrehungen von Anschlag zu Anschlag ca. 3,1; hydraulische Zweikreis-Bremsanlage, vorn und hinten innenbelüftete Bremsscheiben, Scheibendurchmesser vorn

282,5 mm, hinten 290 mm, Leichtmetall-Festsättel vorn (hinten Grauguß), mechanische Handbremse (Trommel) auf Hinterräder wirkend; geschmiedete Leichtmetallräder mit vorn und hinten 15 Zoll Durchmesser, Felgenbreite vorn 7 Zoll, hinten 8 Zoll, Serienbereifung vorn 185/70 VR 15, hinten 215/60 VR 15, auf Sonderwunsch vorn 205/50 VR 15, hinten 225/50 VR 15, Reserverad mit Faltreifen auf Felge 5½ J×15; Radsturz vorn 0° ± 10′, hinten -50′ ± 10′, Vorspur vorn 0° (gedrückt mit 15 kp), hinten 20′–20′, Nachlauf 5 Grad 30′bis 6 Grad 30′.

Maße und Gewichte: Radstand 2272 mm, Länge 4291 mm, Breite 1775 mm, Höhe 1320 mm (mit Serie 50-Bereifung 1304 mm), Spur vorn/hinten 1438/1501 mm, Bodenfreiheit leer mit Serienbereifung 150 mm, mit Serie 50-Bereifung 134 mm, Bodenfreiheit mit Vollast 120 mm bzw. 104 mm, Innenbreite vorn 1330 mm, Innnenhöhe über Sitzhinterkante vorn 925 mm, Sitztiefe vorn 530 mm; Leergewicht nach DIN 1140 kg, ab Modell '76 1195 kg, Eigengewicht vollgetankt nach »auto motor und sport«-Wägung 1210 kg (davon Vorderachse 480 kg, Hinterachse 730 kg), zulässiges Gesamtgewicht 1470 kg, ab Modell '76 1525 kg, zulässige Dachlast 35 kg; Motorgewicht (einbaufertig, ohne Öl) 207 kg, Getriebegewicht (ohne Anlasser, ohne Öl) 53 kg.

Fahrleistungen und Verbräuche (Werksangaben): Höchstgeschwindigkeit über 250 km/h, Beschleunigung 0–100 km/h in 5,2 Sekunden (Angabe in erster Pressenotiz) bzw. 5,5 Sekunden (Angabe in Betriebsanleitung), 1 Kilometer mit stehendem Start in 24,0 Sekunden; Kraftstoffverbrauch 14–18 L/100 km, Ölverbrauch 1,0–2,0 L/1000 km.

Der turbo für die USA: Porsche 930 turbo US-Version*

Motor: interne Bezeichnung 930/51, ab Modell '77 930/53; Leistung 245 PS (180 kW) bei bei 5500/min, maximales Drehmoment 343 Nm bei 4 000/min.

Maße und Gewichte: Leergewicht 1195 kg, zulässiges Gesamtgewicht 1400 kg.

Fahrleistungen (Werksangaben): Höchstgeschwindigkeit über 245 km/h, Beschleunigung 0–100 km/h in 5,7 Sekunden.

* Es sind nur solche Daten aufgeführt, die von denen der Euro-Version abweichen.

Des turbos Ur-Motiv: Porsche turbo RSR (Typ 934)

Motor: interne Bezeichnung 930/75; Sechszylinder-Boxer, längs vor der Hinterachse eingebaut; Bohrung × Hub 95 × 70,4 mm, Hubraum 2993 cm³, Hubraum für Homologation (Faktor 1,4) 4192 cm³, Verdichtungsverhältnis 6,5:1; Leistung 485 PS bei 7000/min, maximales Drehmoment 60 mkp bei 5400/min, höchstzulässige Drehzahl 7000/min, Abschaltdrehzahl des Begrenzers im Verteiler 7100/min, maximaler Ladedruck 1,35 bar; Motorkonstruktion wie Serien-turbo, Horizontal-Kühlgebläse, Bosch K-Jetronic, Benzinförderung durch 1 Kreiselpumpe und 4 elektrische Rollenzellenpumpen, Aufladung durch 917-Abgasturbolader, Wasser-Ladeluftkühlung (Füllmenge ca. 12 Liter), Trokkensumpfschmierung (Gesamtölmenge des Motorschmiersystems ca. 20 Liter), Ölkühlung durch Bugölkühler, im Frontspoiler angeordnet und thermostatisch gesteuert, BHKZ-Zündung, Zündfolge 1–6–2–4–3–5; Kraftstoffbedarf Superbenzin 98 ROZ.

Kraftübertragung: Fichtel & Sachs-Rennkupplung mit Federtorsionsdämpfung und Sinterbelag; Vierganggetriebe (interne Bezeichnung 930/25) mit Ölpumpe und Ölkühlung durch separaten Ölkühler; Gangräder wahlweise für 1. Gang 16/36, 18/33 oder 20/32, für 2. Gang 23/30, 24/21 oder 25/28, für 3. Gang 26/26, 28/26 oder 28/25, für 4. Gang 30/22, 32/22 oder 32/21 (3. und 4. Gang untereinander austauschbar); Sperrdifferential mit 80 % Sperrwirkung, Übersetzungen wahlweise 8/37, 9/38, 9/36 oder 8/41.

Karosserie: turbo-Karosserie ohne Isolationsmaterial, Dämmatten und Unterbodenschutz, lieferbar in allen Serien- und Sonderfarben (außer Metallic-Lacke), Kotflügelverbreiterungen aus GfK, einfache Blenden von außen aufgesetzt, unterhalb der Radmitte liegender Bugspoiler aus GfK mit Kühleröffnung und Bremsbelüftung; Alu-Öltank im Frontkofferraum, 120 Liter Sicherheitstank (Goodyear) vorn; Innenausstattung in schwarzem Kunstleder, ohne Notsitzanlage, vereinfachtes Armaturenbrett, Überrollkäfig aus Alurohren mit Karosserie verschraubt, Rennsitz mit Durchbrüchen für Sicherheitsgurte auf Fahrerseite, Seriensitz auf Beifahrerseite, Sechspunkt-Sicherheitsgurt; Feuerlöschanlage mit 7,5 kp-Ringleitung im Fahrgast- und Motorraum.

Fahrwerk: Vorderachse wie Serien-turbo, jedoch Lenkerlagerung in Kunststoffbuchsen; Hinterachse wie Serienturbo, jedoch Lenkerlagerung mit Gelenklagern; verstärkte Radnaben mit Zentralverschluß; Drehstabfederung vorn mit 19 mm-Drehstab, hinten mit 26 mm-Drehstab, zusätzlich Schraubenfedern am Dämpferbein bzw. Stoßdämpfer, vorn und hinten Querstabilisatoren, stufenlos verstellbar, Bilstein-Gasdruckstoßdämpfer, Gehäuse mit Gewinde für Höheneinstellung der Schraubenfedern; 917-Rennbremsanlage mit gelochten Scheiben und Vierkolbenbremszangen in Alu-guß-Ausführung mit Längsrippen, Pedalerie mit Waagebalkenausgleich; dreiteilige BBS-Leichtmetallräder, vorn 10 1/2 × 16, hinten 12½ × 16; Rennreifen vorn 275/600 × 16, hinten 325/625 × 16.

Abmessungen und Gewicht: Radstand 2268 mm, Länge 4291 mm, Breite vorn 1800 mm, hinten 1875 mm, Höhe 1304 mm, Spurweite vorn (mit 10½ Zoll-Felge) 1481 mm/hinten (mit 12½ Zoll-Felge) 1506 mm; Leergewicht 1120 kg, Getriebegewicht 53 kg, Motorgewicht 186 kg.

Der Super-turbo im ersten Modelljahr (1978): Porsche 930 turbo 3,3

Motor: interne Bezeichnung 930/60; Sechszylinder-Boxer, längs hinter der Hinterachse eingebaut; Bohrung × Hub 97,0 × 74,7 mm, Hubraum 3299 cm^3, Verdichtungsverhältnis 7,0 : 1; Leistung 300 PS (221 kW) bei 5500/min, maximales Drehmoment 42 kpm (412 Nm) bei 4000/min, zulässige Höchstdrehzahl 6700/min, höchstzulässige Dauerdrehzahl 6000/min, Abschaltdrehzahl des Drehzahlbegrenzers 7000/min ± 200/min, Literleistung 91 PS/L, Kraftstoffoktanzahlbedarf 98 ROZ; zweiteiliges Kurbelgehäuse aus Aluminium-Legierung, geschmiedete, achtfach gleitgelagerte Stahlkurbelwelle, geschmiedete Aluminium-Kolben, Leichtmetall-Nikasil-Zylinder, Leichtmetall-Zylinderköpfe mit jeweils einer obenliegenden, vierfach gleitgelagerten Nockenwelle, Nockenwellenantrieb durch Kette, Ventilsteuerzeiten: Einlaß öffnet 3 Grad nach OT, schließt 37 Grad nach UT, Auslaß öffnet 27 Grad vor UT, schließt 5 Grad vor OT, jeweils ein Einlaß- und ein Auslaßventil (V-förmig hängend) pro Brennraum, Ventiltellerdurchmesser Einlaß 49 mm, Auslaß 41,5 mm, Auslaßventile natriumgefüllt, pro Ventil zwei Schraubenfedern; Luftkühlung durch Axialgebläse auf der Lichtmaschine, Gebläseantrieb durch Keilriemen von der Kurbelwelle, Übersetzung Kurbelwelle/Gebläse 1 : 1,68; Trockensumpfschmierung, Thermostat-geregelte Ölkühlung durch Ölkühler am Kurbelgehäuse im Gebläseluftstrom und zusätzliche Kühlrohrschlange, Ölfilter im Hauptstrom, Öldruck bei 5000/min und 90 Grad Öltemperatur ca. 5 bar, Gesamtölmenge des Systems 13 Liter, Ölwechselmenge 10 Liter; Kraftstoff-Förderung durch zwei elektrische Rollenzellenpumpen, Tankvolumen 80 Liter, davon 8 Liter Reserve (Tank im Bug), Kraftstoffaufbereitung durch Bosch K-Jetronic, Abgasturbolader KKK Typ 3 LDZ, maximaler Ladedruck 0,7–0,85 bar; kontaktlos gesteuerte Bosch BHKZ-Zündung, Batteriespannung 12 Volt, Batteriekapazität 66 Ah, auf Sonderwunsch 88 Ah, Drehstromlichtmaschine 980 W, Zündkerzen Bosch W 280 P 21, Elektrodenabstand 0,6 mm, Zündfolge 1–6–2–4–3–5.

Vollastkurven

turbo

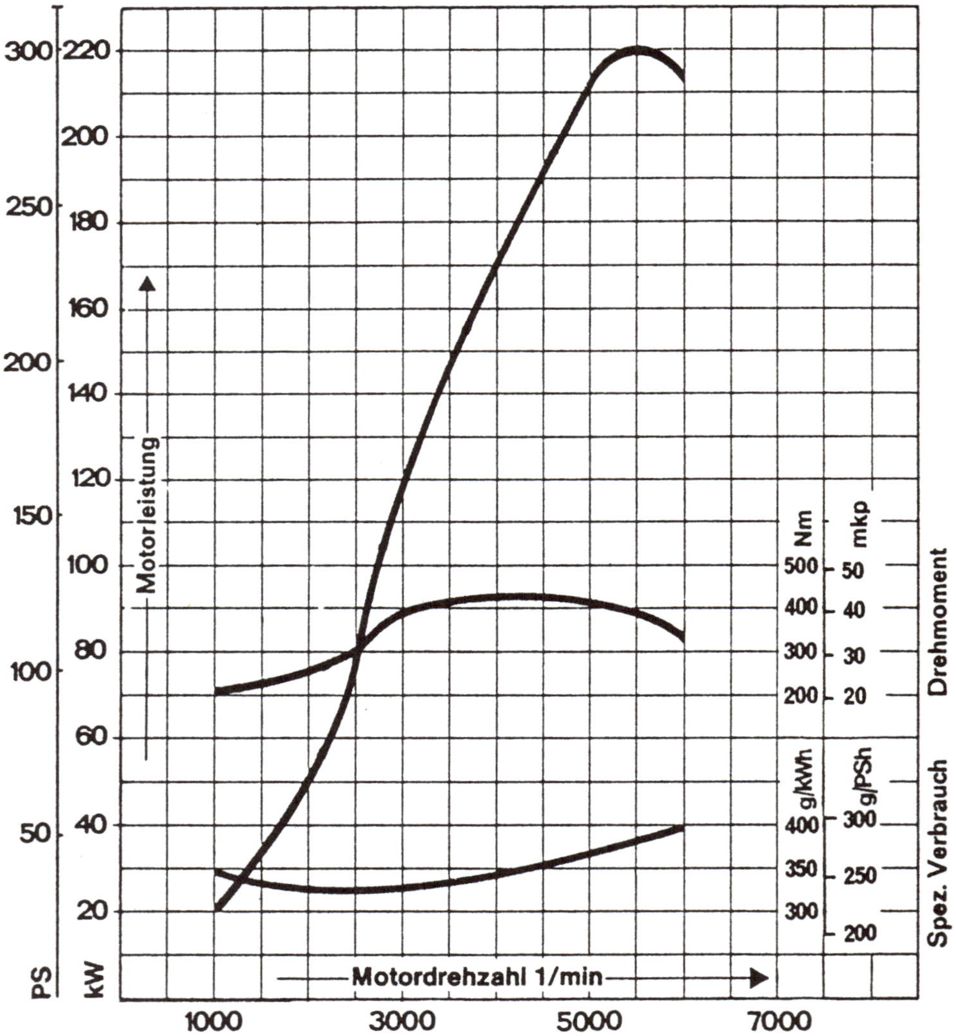

Getriebeschaubild

Getriebe Typ 930/34

turbo

Kegel-Tellerrad Übersetzung 4,22:1 – Zähnezahl 9:38

Reifengröße: 225/50 VR 16

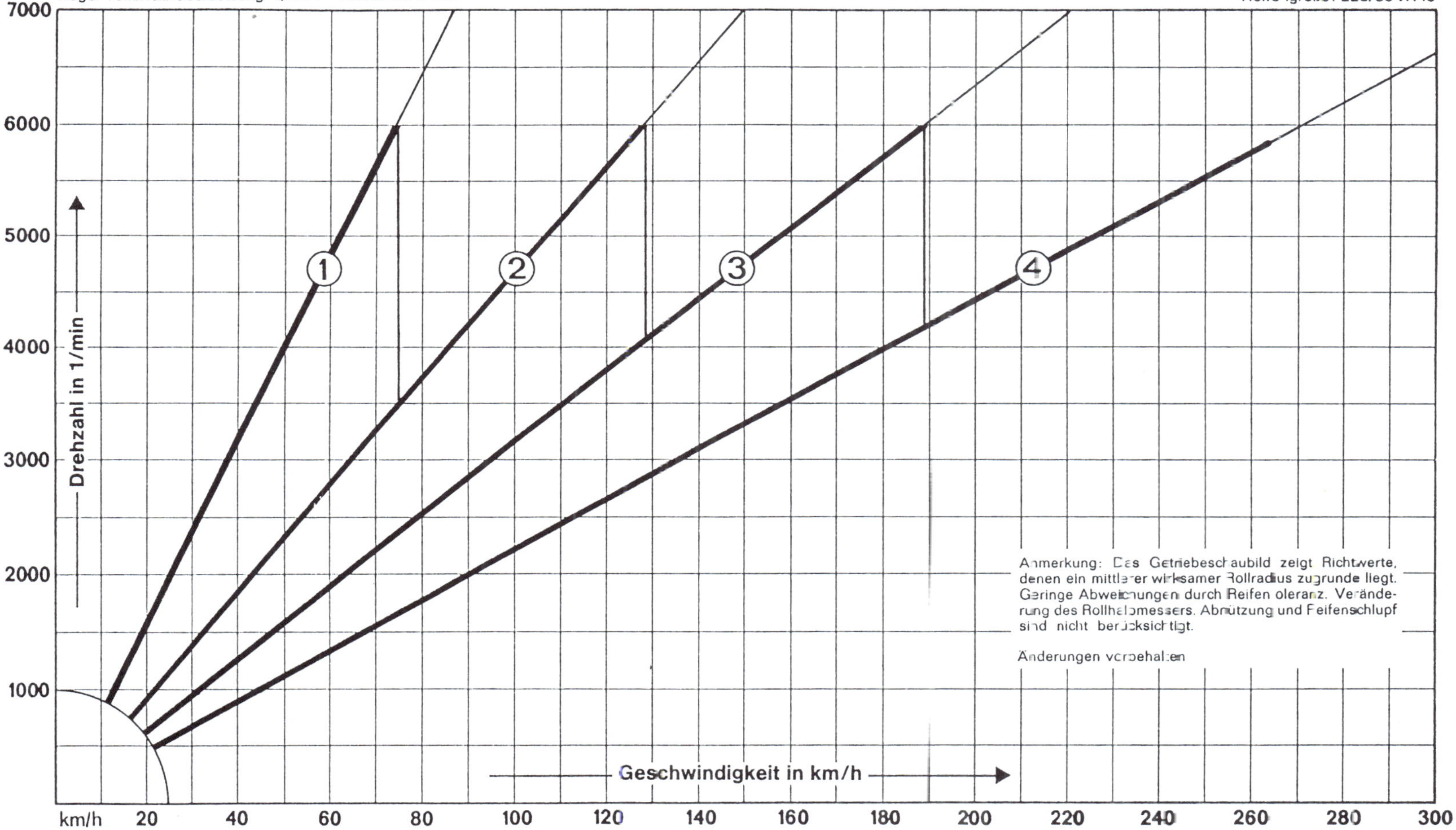

Kraftübertragung: Antrieb auf Hinterräder, Einscheiben-Trockenkupplung; vollsynchronisiertes Vierganggetriebe mit Mittelschalthebel, interne Bezeichnung 930.34, Übersetzungen 1. Gang 2,25:1 (16/36), 2. Gang 1,3043:1 (23/30), 3. Gang 0,8929:1 (28/25), 4. Gang 0,6250:1 (32/20), Rückwärtsgang 2,4375:1 (16/39), Achsübersetzung 4,222:1 (9/38); Getriebe-Ölinhalt 3,7 Liter.

Fahrwerk: selbsttragende Stahlkarosserie, vorn Einzelradaufhängung an Querlenkern und Dämpferbeinen, je Rad eine runde, in Fahrtrichtung angeordnete Drehstabfeder (Durchmesser 18,8 mm), querliegender Stabilisator (Durchmesser 20 mm), hinten Einzelradaufhängung an Schräglenkern, je Rad eine runde, querliegende Drehstabfeder (Durchmesser 26 mm), querliegender Stabilisator (Durchmesser 18 mm), hydraulische Stoßdämpfer rundum; ZF-Zahnstangenlenkung, Lenkübersetzung 1,778:1, Lenkradumdrehungen von Anschlag zu Anschlag ca. 3,0; hydraulische Zweikreis-Bremsanlage, vorn und hinten innenbelüftete und gelochte Bremsscheiben, Scheibendurchmesser vorn 304 mm, hinten 309 mm, vorn und hinten Leichtmetall-Festsättel, mechanische Handbremse (Trommel) auf Hinterräder wirkend; geschmiedete Leichtmetallräder mit vorn und hinten 16 Zoll Durchmesser, Felgenbreite vorn 7 Zoll, hinten 8 Zoll, Bereifung vorn 205/55 VR 16, hinten 225/50 VR 16, Reserverad Faltreifen 165/15 auf Felge 5 1/2×15; Radsturz vorn 0° ± 10′, hinten -30′ ± 10′, Vorspur vorn 0° (gedrückt mit 15 kp), hinten +10′ ± 10′, Nachlauf 6 Grad 5′ ± 15′.

Maße und Gewichte: Radstand 2272 mm, Länge 4291 mm, Breite 1775 mm, Höhe 1310 mm, Spur vorn/hinten 1432/1501 mm, Bodenfreiheit mit Vollast 120 mm; Leergewicht nach DIN 1300 kg, zulässiges Gesamtgewicht 1680 kg; Motorgewicht (einbaufertig, ohne Öl) 230 kg.

Fahrleistungen und Verbräuche (Werksangaben): Höchstgeschwindigkeit 260 km/h, Beschleunigung 0–100 km/h in 5,4 Sekunden, 1 km mit stehendem Start in 24,0 Sekunden; Kraftstoffverbrauch nach DIN bei 90 km/h 8,1 L/100 km, beo 120 km/h 15,3 L/100 km, Stadtzyklus 20,0 L/100 km, Ölverbrauch 1,0–2,0 L/1000 km.

* Es sind nur die vom ersten turbo 3.3 abweichenden Daten angegeben; der Typ 930/66 wurde mit Modell '83 eingeführt.

Der Super-turbo im letzten Modelljahr: Porsche turbo 3.3*

Motor: interne Bezeichnung 930/66; maximales Drehmoment 43,8 mkp (430 Nm) bei 4000/min, zulässige Höchstdrehzahl 7200/min; Ölkühlung durch Ölkühler im Gebläseluftstrom und zusätzlichen Frontölkühler; Tankvolumen 85 Liter; Drehstromlichtmaschine 1260 W.

Vollastkurven **911 Turbo**

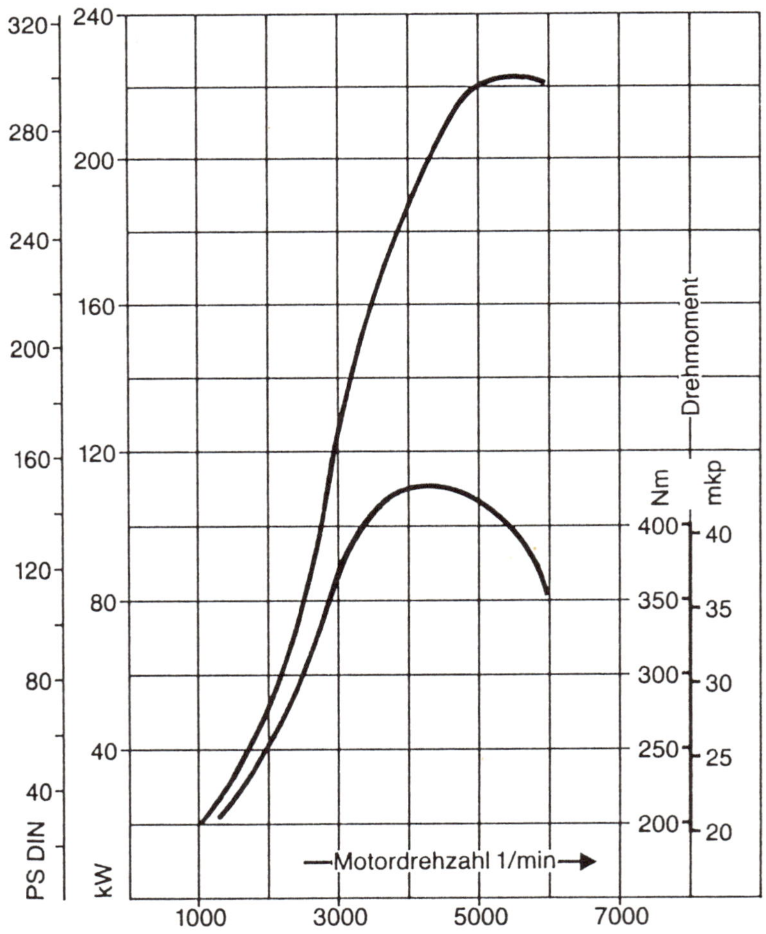

Getriebeschaubild

911 Turbo

5-Gang-Getriebe

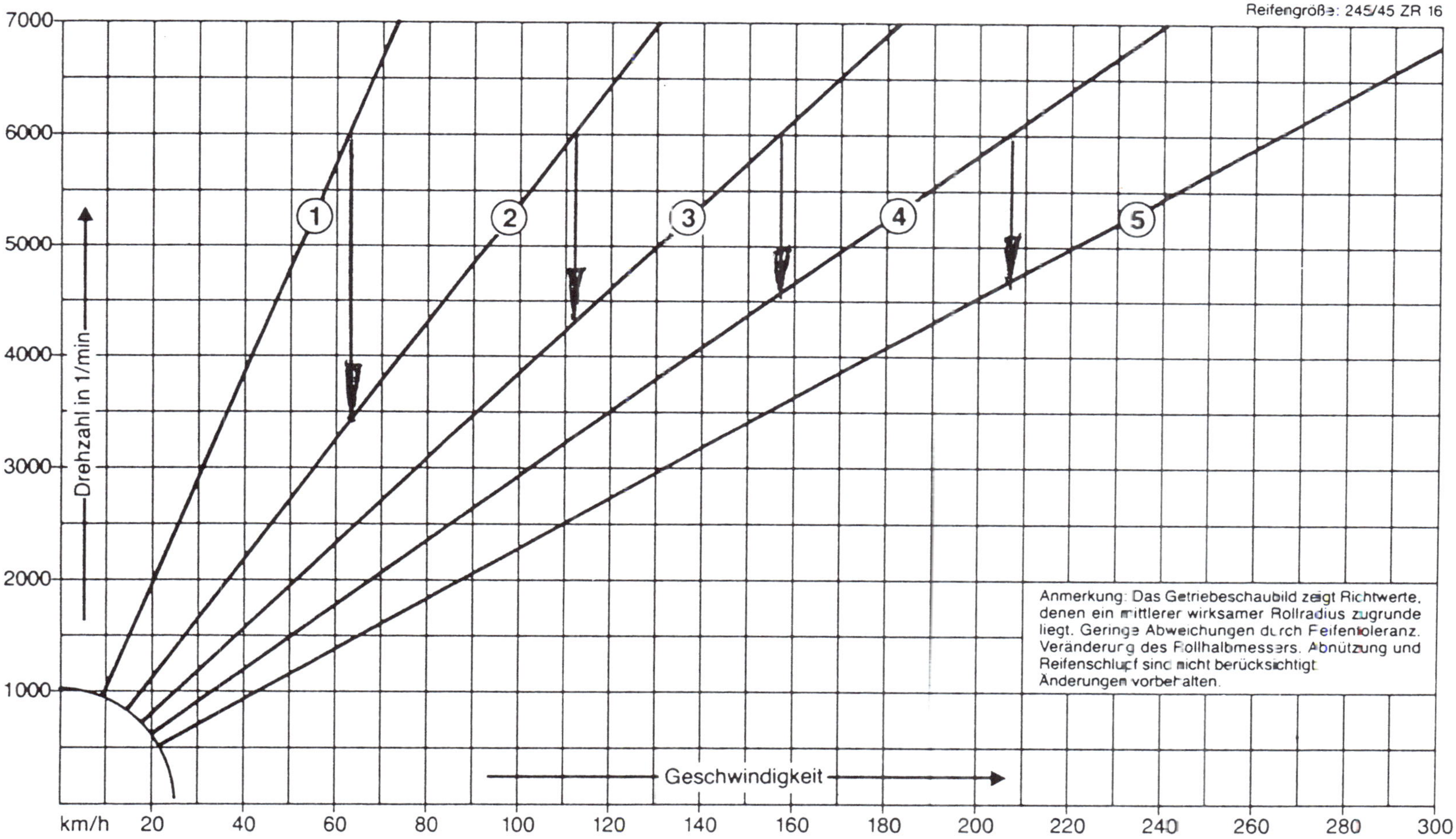

Kraftübertragung: vollsynchronisiertes Fünfganggetriebe, interne Bezeichnung G 50/50, Übersetzungen 1. Gang 3,154: 1 (13/41), 2. Gang 1,789:1 (19/34), 3. Gang 1,269:1 (26/33), 4. Gang 0,967:1 (30/29), 5. Gang 0,756:1 (41/31), Rückwärtsgang 2,857:1 (14/40), Achsübersetzung 3,444:1.

Fahrwerk: Querstabi-Durchmesser vorn 22 mm, Drehstabfedern-Durchmesser hinten 27 mm; Bereifung hinten 245/45 ZR 16 auf 9 Zoll-Felgen.

Maße und Gewichte: Spurweite hinten 1492 mm; Leergewicht nach DIN 1335 kg, Motorgewicht (einbaufertig, ohne Öl) 269 kg.

Fahrleistungen und Verbräuche (Werksangaben): Beschleunigung 0–100 km/h in 5,2 Sekunden; Kraftstoffverbrauch nach DIN bei 90 km/h 10,7 L/100 km, bei 120 km/h 13,0 L/100 km, bei Stadtfahrt 12,7 L/100 km.

Der Super-turbo für die USA: Porsche 930 turbo 3.3 USA

Motor: interne Bezeichnung 930/68; Leistung 282 PS (210 kW) bei 5500/min, maximales Drehmoment 390 Nm bei 4000/min; Abgasentgiftung durch Dreiwege-Katalysator mit beheizter Lambda-Sonde.

Gewichte: Leergewicht 1350 kg, zulässiges Gesamtgewicht 1650 kg, Motorgewicht 279 kg.

Fahrleistungen: Höchstgeschwindigkeit 253 km/h, Beschleunigung 0–96 km/h in 5,3 Sekunden.

Full-power Curves **911 Turbo**

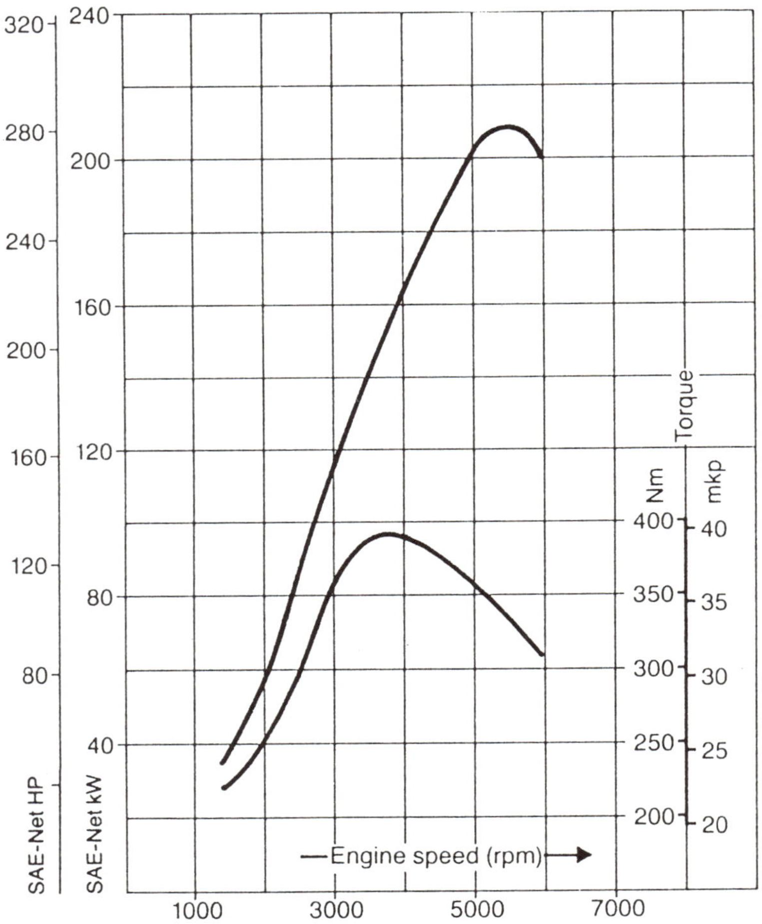

Vollastkurve

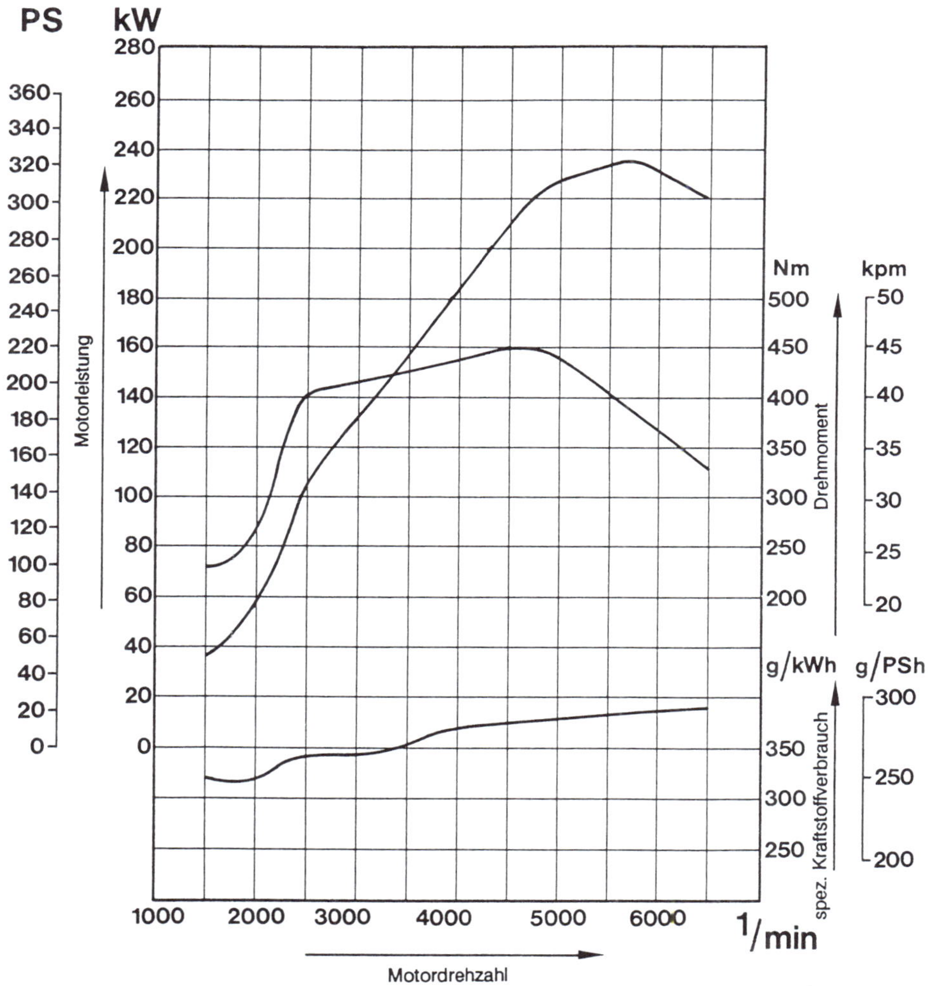

Der turbo für die 90er Jahre: Porsche 911 turbo 2 (ab 1990)

Motor: interne Bezeichnung M30/69; Sechszylinder-Boxer, längs hinter der Hinterachse eingebaut; Bohrung × Hub 97,0 × 74,4 mm, Hubraum 3299 cm³, Verdichtungsverhältnis 7,0 : 1; Leistung 320 PS (235 kW) bei 5750/min, maximales Drehmoment 450 Nm bei 4500/min, zulässige Höchstdrehzahl 6900/min, Abschaltdrehzahl des Drehzahlbegrenzers 6800/min ± 100/min, Literleistung 97,0 PS/L, , Kraftstoffoktanzahlbedarf 95 RCZ; Motorkonstruktion wie Motortyp 930/66 und 930/68; Ventilsteuerzeiten: Einlaß öffnet 3 Grad nach OT, schließt 37 Grad nach UT, Auslaß öffnet 27 Grad vor UT, schließt 5 Grad vor OT; Zusatzfrontölkühler mit zweistufigem Gebläse; Öldruck bei 5000/min und 80 Grad Öltemperatur ca. 4,5 bar Tankvolumen 77 Liter; Dreiwege-Katalysator mit beheizter Lambdasonde; druckgesteuerte Kennfeldzündung, Batteriekapazität 72 Ah, Drehstromlichtmaschine 1610 W, Zündkerzen Bosch WR 4 DPO, Elektrodenabstand 0,6 mm.

Getriebeschaubild G50/52

Fünfgang-Getriebe

Reifengröße: 255/40 ZR 17

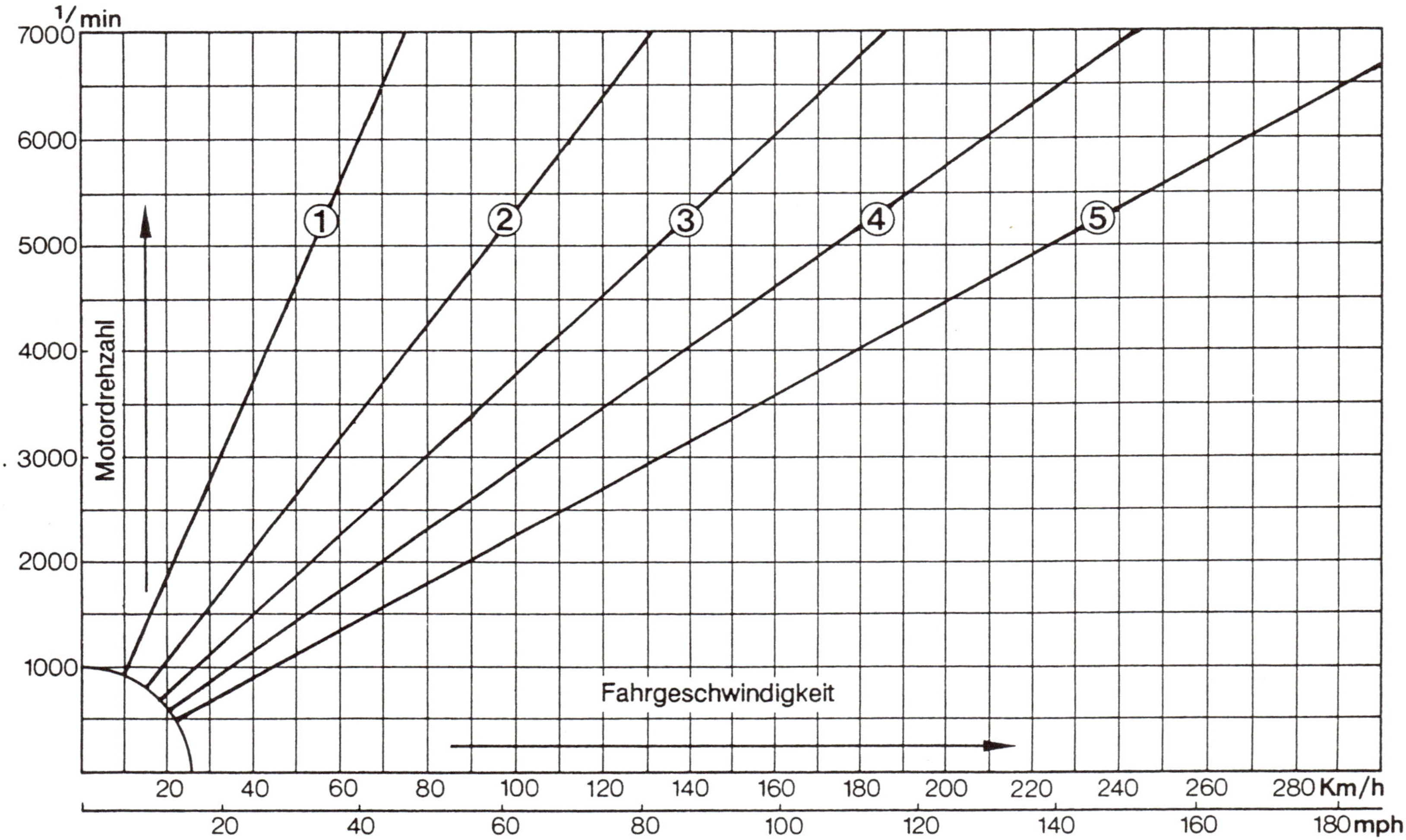

Kraftübertragung: Einscheiben-Trockenkupplung, Zweimassenschwungrad; vollsynchronisiertes Fünfganggetriebe, interne Bezeichnung G50/52, Übersetzungen 1. Gang 3,154:1 (13/41), 2. Gang 1,789:1 (19/34), 3. Gang 1,269:1 (26/33), 4. Gang 0,967:1 (30/29), 5. Gang 0,756:1 (41/31), Rückwärtsgang 2,857:1 (14/40), Achsübersetzung 3,444:1, serienmäßig ZF-Sperrdifferential mit 20 % Sperrwirkung in Zugrichtung und 100 % Sperrwirkung in Schubrichtung.

Fahrwerk: vorn McPherson-Einzelradaufhängung an Querlenkern und Federbein, Federdrahtdurchmesser 11,4 mm,

Wendeldurchmesser 102,7 mm, Querstabilisator-Durchmesser 21 mm, hinten Einzelradaufhängung an unterem Schräglenker und Federbein, Federdrahtdurchmesser 9,5–13,3 mm (progressiv), Wendeldurchmesser 90 mm, Querstabilisator-Durchmesser22 mm; Gasdruckstoßdämpfer; servounterstützte Zahnstangenlenkung, Lenkübersetzung 18,48:1 (Rechtslenker 17,87:1), Lenkradumdrehungen von Anschlag zu Anschlag 2,81 (Rechtslenker 2,72); hydraulische Zweikreisbremsanlage mit achsweiser Aufteilung, Vakuum-Bremskraftverstärker, ABS, vorn und hinten innenbelüftete Bremsscheiben, Scheibendurchmesser vorn 322 mm, hinten 299 mm; Leichtmetallguß-Räder mit vorn und hinten 17 Zoll Durchmesser und jeweils 55 mm Einpreßtiefe, Felgenbreite vorn 7 Zoll, hinten 9 Zoll, Serienbereifung vorn 205/55 ZR 17, hinten 255/40 ZR 17, Reserverad mit Faltreifen 165/70–16; Radsturz vorn 0 Grad ± 10′, hinten -45′ ± 10′, Vorspur vorn +25′+-5′, hinten +15′ ± 5′.

Maße und Gewichte: Radstand 2272 mm, Länge 4250 mm, Breite 1775 mm, Höhe 1310 mm, Spur vorn/hinten 1434/1493 mm, Bodenfreiheit bei zulässigem Gesamtgewicht 120 mm; Leergewicht nach DIN 1470 kg, zulässiges Gesamtgewicht 1810 kg; Motorgewicht (einbaufertig, ohne Öl) 275 kg, Getriebegewicht 71 kg.

Fahrleistungen und Verbräuche (Werksangaben): Höchstgeschwindigkeit 270 km/h, Beschleunigung 0–100 km/h in 5,0 Sekunden, 1 km mit stehendem Start in 24,3 Sekunden; Kraftstoffverbrauch bei konstant 90 km/h 8,5 L/100 km, bei 120 km/h 19,4 L/100 km, Stadtzyklus 21,0 L/100 km, Drittelmix 13,0 L/100 km.